基于社会网络分析的民间信仰社会治理研究

王　东　著

中国人民公安大学出版社
·北　京·

图书在版编目（CIP）数据

基于社会网络分析的民间信仰社会治理研究／王东著．—北京：中国人民公安大学出版社，2014.7

ISBN 978－7－5653－1624－1

Ⅰ.①基… Ⅱ.①王… Ⅲ.①信仰—民间文化—社会管理—研究—中国 Ⅳ.①B933

中国版本图书馆 CIP 数据核字（2014）第 164332 号

基于社会网络分析的民间信仰社会治理研究

王　东　著

出版发行：中国人民公安大学出版社
地　　址：北京市西城区木樨地南里
邮政编码：100038
经　　销：新华书店
印　　刷：北京通天印刷有限责任公司

版　　次：2014 年 8 月第 1 版
印　　次：2014 年 8 月第 1 次
印　　张：11
开　　本：787 毫米×1092 毫米　1/16
字　　数：150 千字

书　　号：ISBN 978－7－5653－1624－1
定　　价：36.00 元

网　　址：www.cppsup.com.cn　www.porclub.com.cn
电子邮箱：zbs@cppsup.com　zbs@cppsu.edu.cn

营销中心电话：010－83903254
读者服务部电话（门市）：010－83903257
警官读者俱乐部电话（网购、邮购）：010－83903253
电子音像与数字出版分社电话：010－83901601

序 言

如果只有在一种理念、一种事物、一番话语、一种价值观中，才能获得平静、理智、清晰，能够很自信、无所畏惧地说自己的话，知道自己该往哪个方向走，那就是“信仰”！

人的一生充满着变数，一方面我们不能预知未来之事，另一方面我们又不得不面对意外之事的发生。所谓“天有不测风云，人有旦夕祸福”，不确定性几乎与人生相伴而行。为什么有的人一帆风顺，有的人却命运多舛？为什么在同一次灾难中，有的人可以幸免于难，有的人却惨遭不幸？太多有关人生的风云际会，似乎很难找到合理的解释。一旦这种不确定性发生时，人类就需要有合理解释的理由，因为这种解释能够给人力量去面对和接受。在各种生活的挑战中，不确定性导致了信仰的产生。

民间信仰是我国特有的一种悠久现象，在生活的吉凶挑战中，人们信仰关公、玉皇、灶王、土地等，存在于非官方社会层面、信众人数最多。有人问：中国每一天也有无数的人烧香磕头，貌似无比虔诚，可西方人仍旧认为中国人总体上没有信仰，为什么呢？其实道理很简单，中国人的每天烧香磕头，都是在祈求神灵保佑自己升官发财。如果一旦所拜的神灵不“灵验”，他们就会转拜其他的神，好像这不是信仰，而是“交易”。作者的研究恰好相反，虽然民间信仰有功利色彩，但是大部分“信众”是对生活充满信心的、是向善的，从这种角度看，就是信仰。

作者得出这个结论是严谨和科学的。通过运用社会网络分析思维和方法，对冀南地区民间信仰进行5100个样本的抽样调查，并建立民间信仰网络模型，用数学方法对其群体网络结构及与社会系统的互动关系，信众情况、活动规律、发展趋势等进行了定量分析，总之，结论是数学分析基础上科学研究的结果。

在当前社会转型期，一方面社会共同信仰缺失、社会核心价值观亟待重建，另一方面民间信仰却迅速复兴、日益活跃。民间信仰兼具宗教和民俗双重特性，既有凝聚社会心理、缓和社会矛盾、促进社会和谐等积极功用，又有迟滞社会进步、影响社会稳定等潜在风险。而由于民间信仰的非制度性，其居于管理的灰色地带。这些都对转型期的社会管理提出了挑战。

党的十八大提出了推进国家治理现代化的重大命题，社会治理是现代国家治理和社会治理的必然选择。社会治理的核心是多元治理，民间信仰作为民间社会的信仰模式，与社会生活密不可分，对广大民众具有很强的亲和力、黏合性，在社会整合中发挥着不可替代的作用，是社会治理多元主体中不可忽视的一元。如何在政府主导下，正确看待和引导民间信仰积极参与社会治理，最大限度地发挥正能量，减少负效应，是社会管理创新、提升国家治理能力的重要课题，对促进社会和谐稳定、加快社会成功转型具有重要意义。

作者长期在中央部委从事宏观政策研究，又在地级市主抓过民间信仰管理工作，有着非常丰富的实践经验。在本书成稿的过程中，我们互相交流、反复探讨，并多次征求专家的意见。我认为本书提出的策略和建议，既填补了我国这方面的空白，又具可操作性。特别向这个领域的研究者和从事社会治理的工作人员推荐。

中国科学院大学管理学院教授、博士生导师 吕本富

摘 要

民间信仰是我国特有的历史文化现象，是一种存在于非官方社会层面的、信众人数最多的、崇拜各种民间神灵的信仰形态。在社会转型期，一方面社会共同信仰缺失、社会核心价值观亟待重建，另一方面民间信仰迅速复兴、日益活跃。民间信仰兼具宗教和民俗双重特性，既有凝聚社会心理、缓和社会矛盾、促进社会和谐等积极功用，又有迟滞社会进步、影响社会稳定等潜在风险，加之民间信仰的非制度性，目前其居于管理的灰色地带，这都对转型期社会管理提出了新的挑战。

社会治理是现代社会管理的必由之路，其核心是多元治理。民间信仰作为民间社会的精神建构，与社会结构共生同构，与大众日常生活融为一体，与社会治理天然契合，在社会整合中发挥着不可替代的作用，是社会治理多元主体中不可忽视的一元。如何在政府主导下，正确看待和引导民间信仰积极参与社会治理，最大限度地发挥正能量，减少负效应，是创新社会管理、提升国家治理能力的重要课题，对促进社会和谐稳定、加快社会成功转型具有重要意义。

本书围绕这一课题，有别于民俗学、人类学、社会学的研究方向，从社会治理的视角，采取定性分析与定量分析相结合的方法进行深入研究：首先，运用社会治理理论对民间信仰的本质和特性、与社会治理的契合性及作用机制进行定性分析；其次，在国内首次运用社会网络分析思维和方法，对冀南地区民间信仰进行 5100 个样本的抽样调查，并建立民间信仰网络模型，用数学方法对其群体网络结构及与社会系统的互动关系，信众情况、活动规律、发展趋势等进行了定量分析；最后，从社会治理视角，在理性评估民间信仰社会地位和作用的基础上，提出民间信仰参与社会治理的路径设计和政府对民间信仰活动的管理策略。本书的研究成果可为我国相关部门理性认识民间信仰、测度民间信仰与社会稳定系统的关系、引导民间信仰参与社会治理等方面提供政策参考，为社会转型期正确处理民间信仰事务、创建社会治理新机制提供理论依据。

关键词：民间信仰，社会治理，社会网络分析

A STUDY ON SOCIAL GOVERNANCE OF FOLK BELIEF IN PERSPECTIVE OF SOCIAL NETWORK ANALYSIS

ABSTRACT

Folk belief is a uniquely domestic social-historical phenomenon that is here defined as the belief in supernatural beings outside of any public religious system but in endemic magic and omens with the most believers. Because the society's lack of common belief makes it necessarily to rebuilt social value system, the ample assortment cultural groups thrives on folk beliefs under the circumstances of a social transforming and revolution for modern China. In social life folk belief has the function of expressing religious norms as well as cultures. Whatever features on the one hand loosens social conflicts, on the other hand holds the potential risks in terms of retarding social progress or destructing social stability. Moreover, its existence of non-institutionalization leads to a blackout zone of religious governance. In brief, folk beliefs that appear in many different ways within a culture bring forward challenges for leaderships and social governance.

Social governance, which concentrates on multi-governance and co-construction, has become an absolute necessity for social management. As a core construction of folk society, folk belief has a symbiotic relationship with the society scheme, embeds in everyday's activities, and corresponds to social governance naturally, therefore, it plays an important role in social integration and coordinated control system. Folk belief issues, such as how to be guided correctly in part of social governance system or be positively taken advantages have been recently raised as a specific research topic in social innovation management and national governance improvement, and meanwhile, have had massive influences on boosting social stability as well as fastening the social transforming for China.

This article combines theoretical research with empirical studies in the basis of qualitative and quantitative analysis in perspective of social governance that is distinguished from folklore, anthropology and sociology: Firstly, the article qualitatively analyzes the scientific essence as well as the property of folk belief, and the coherence that folk belief achieves in social governance along with their mutual scheme. Secondly, the article originally uses Social Networking Analysis to build a network model based on 5,100 folk belief activities that previously have been randomly sampled in Hebei province, China. The article quantitatively discovers the social structure and connection in model and accordingly makes reasonable conclusion on folk believers' characteristics, motivations, behaviors and the trends. Last but not the least, the article designs a path that the folk belief group could use as a guide in part of social governance and proposes a strategy that the government could rely on to govern the folk belief activities after evaluating its social position and influences in perspective of social governance. The article has two novelties-originally using Social Networking Analysis method in research of folk belief; and proposing a management-strategy on folk belief in perspective of social governance. The results could be used as a theoretical foundation of discovering folk belief, valuing its connection with social stability, and guiding it in part of social governance by government department for the purpose of addressing folk belief issues and furthermore building a new social governance scheme under the social transforming condition of modern China.

Key Words: Folk Belief, Social Governance, Social Network Analysis

目录
CONTENTS

第1章 导 论

1.1 研究背景和意义

1.1.1 社会信仰重建是我国转型期社会管理的重中之重

当前，我国正处在由传统社会向现代社会转变、由计划经济体制向社会主义市场经济体制转轨的双重社会转型期，社会结构调整重组，社会利益分化多元，社会问题大量凸显。尤其是，急剧的社会转型带来了人们生活方式、思维方式、思想观念的深刻变化，原有的信仰体系受到巨大冲击，民众中普遍存在着政治信仰迷茫、人心浮躁、价值观扭曲、方向感失衡、功利主义等心理，社会核心价值体系亟待重新构建。种种社会表象说明：社会共同信仰严重缺失，信仰危机已成为最突出的社会问题。

任何一个成熟的社会，都是由共同价值、共同组织和共同规则构成的稳定三角形。共同价值是社会的基本特征和基本支柱，是社会整合最为重要的心理基础和文化保证。共同组织依靠共同价值凝聚，共同规则是共同价值的集中体现。一切社会规范体系，都是以社会共同信仰为精神依托，并以此来获得自身的神圣意义和绝对权威。信仰作为人类特有的精神活动，在社会上层建筑中具有核心地位，对社会具有凝聚、前导的决定性作用。在所有的社会危机中，信仰危机是一种带有总体性、根本性并具有深刻历史影响的思想文化危机。法国思想家托克维尔曾指出："一个社会要是没有信仰就不会欣欣向荣，甚至可以说，一个没有共同信仰的社会根本无法存在。"① 意大利政治学家马基雅维利也说过："造就最强大国家的首要条件不在于造枪炮，而在于能够造就其国民的坚定信仰。"②人民有信仰，民族才能凝聚，社会才会稳定，国家才有力量。多元化的社会，民心更需要凝聚，民众对共同信仰的渴望更加强烈。社会管理分为行为管理和人心管理，人心管理是基础，也是目的。民族的核心是文化，文化的核心是精神，精神的核心是信仰。因此，社会转型的终极目标是文化转型，社会信仰重建是社会转型成败的关键，也是转型期社会管理的重中之重。

1.1.2 民间信仰急剧复兴对社会管理提出新的挑战

谈到社会信仰重建，必须关注到一个基本的社会事实：一方面，国家的主流价值体系亟待建构；另一方面，民众中自发产生的民间信仰却在急剧复兴。

民间信仰是指那些在中华民族长期历史发展过程中自发形成的，以自然崇拜、图腾崇拜、祖先崇拜以及其他地方神灵崇拜为核心，对各种神灵的崇拜观念、行为习惯和相应的仪式制度。在思想基础上，它是有神论的观念；在意识形态上，它是非官方的文化；在表现形式上，它重实践、少文本，缺乏统一信仰体系和宗教经典；在社会力量上，它没有组织体系，具有世俗性、地域性、分散性，但却与社会各阶层的生活融为一体，信众最为广泛。尽管民间信仰是中国历史最长、最本土化、最具广泛性的民间宗教信仰形态，但由于历史原因和自身特点，它始终没有获得制度化的地位，游离在官方体制之外。

改革开放以来，随着经济社会的多样化发展、中华传统文化的复兴，民间信仰在各地日益活跃，形式不断嬗变，已成为民众日常生活

① ［法］托克维尔著，董果良译，论美国民主［M］．北京：商务印书馆，1988，第524页。

② ［美］迈克尔·H. 亨特，意识形态与美国外交政策［M］．北京：世界知识出版社，1999，第83页。

不可或缺的内容。在全国各地，几乎每个角落都有寺庙、祠堂、神坛和拜神之地，可见民间信仰在中国社会具有强大的、无处不在的影响力。笔者在河北邢台农村调查，但见“有村就有庙、家家有神龛”，全市形成规模（建筑面积在10平方米以上）的民间信仰活动场所就有440多处。伴随社会转型的深入和城镇化进程的加快，民间信仰发展势头迅猛，并由农村向城镇蔓延。据有关部门调研估计，目前全国范围内的民间信仰，无论是信众人数、庙宇数量，还是仪式活动的频率和规模，都远超佛教、道教、伊斯兰教、天主教、基督教等五大传统宗教，并且呈快速发展之势。

民间信仰兼具宗教和民俗文化的双重社会属性，在社会生活的功用也有两面性：既有凝聚社会心理、缓和社会矛盾、促进社会和谐等积极功用的一面，也有潜在的政治意识形态冲突、地下势力控制或境外渗透、大量资源投入、生产力闲置、愚昧落后思想文化的侵蚀等消极隐患的一面。从民间信仰的结构属性看，其最典型的表象是庞杂，包括来源的庞杂、内容的庞杂、组织形式的庞杂、活动方式的庞杂、信仰人群的庞杂，这种庞杂、无序，给社会管理带来了很多困难。特别是，由于目前民间信仰尚不是具有政治合法性的制度性宗教，居于管理的灰色地带，更加大了可能影响社会和谐稳定的风险。可以预见，随着社会转型加快和多元裂变加剧，民间信仰的两重性会进一步凸显，如何创新和加强对民间信仰的管理，充分发挥其正向功能，有效规避其社会风险，已成为党和政府迫切需要解决的重要问题。

1.1.3 社会治理是民间信仰管理创新的正确方向和必然选择

二十世纪八九十年代以来，针对普遍存在的政府管理危机，西方兴起了一轮新的公共管理革命，社会治理理论被广泛传播并运用于各国政治发展和行政改革实践。联合国还将其用于全球治理，于1998年专门成立了“全球治理委员会”。社会治理理论强调治理主体的多元、社会组织对公共事务管理的参与、政府与社会组织间的相互依赖及互动合作。社会治理的目标不仅是追求社会公平和稳定，还包括激发社会活力、提高社会效率、降低社会治理成本，实现公共政策的“帕累托最优”。社会治理的要义在于还政于民、官民共治，以国家—社会协同治理的模式实现对社会的管理。

社会治理是现代公共管理的发展趋势，也是我国社会管理创新的必由之路。改革开放以来我国社会发生了深刻的结构性变化，社会形成了三个相对独立的子系统，即政治社会——由党政组织构成的国家系统，经济社会——由企业组织构成的市场系统，公民社会——由民间组织构成的社会系统。特别是从上世纪九十年代后，一个相对独立的公民社会迅速成长，并对我国的社会政治生活发生日益重要的影响。随着社会力量的日益增长，国家将不断地还政于民，还权于社会，这是一个不可逆转的社会政治进程。我国原有的全能政府的管理模式已经不能适应社会现状和发展需要，必须改变国家治理理念和治理方式。由政府一元管理转为多元参与管理，构建国家与社会协同共治的社会治理体系势在必行。

作为执政党的中国共产党和政府，对此洞见深刻。自党的十六大开始，中央不断强调加强社会建设，推进社会管理改革和创新。2011年7月，中共中央、国务院下发《关于加强社会创新管理的意见》，提出“要牢固树立以人为本、服务为先、社会参与、共同治理的理念，积极推进社会管理理念、体制、机制、制度、方法创新”。党的十八大以来，国家从指导思想和政策层面对社会管理创新有了新的重大突破：十八大报告首次提出“要形成党委领导、政府负责、社会协同、公众参与、法治保障的社会管理机制，形成政社分开、权责明确、依法自治的现代社会组织体制”。十八届三中全会作出《关于全面深化改革若干重大问题的决定》，明确要求：“推进国家治理体系和治理能力现代化，加快形成科学有效的社会治理体制”，强调“改进社会治理方式，发挥政府主导作用，鼓励和支持社会各方面参与，实现政府治理与社会自我调节、居民自治良性互动”，“激发社会组织活力，推进社会组织明确权责、依法自治、发挥作用”。这些体现了执政党和政府对执政规律、社会主义建设规律、人类社会发展规律的新认识，标志着我国已从传统社会管理开始转向现代社会治理。

社会治理为民间信仰的管理创新开辟了新的道路。社会治理的核心是多元治理、共建共享。毫无疑问，当代中国社会已经从单纯的政治信仰，走向了多元信仰的选择空间。在坚持国家主流意识形态主导的基础上，社会信仰体系重建具有多样性和多层性。社会信仰可分为核心信仰和一般信仰两种类型。国家信仰和政治信仰为核心信仰，对应于国家意识形态的建构。宗教信仰和民间信仰为一般信仰，对应于公民社会的建构。民间信仰作为民间的、底层的、草根的信仰模式，是社会中每一个基本公民都能够共享的但又不同于体制宗教的信仰。它带有中国传统的“社”与“会”的特点，反映着公民社会的关系结构；它没有坚硬的组织外壳，信仰对象多元普适，实践方式因地制宜，活动仪式与民间生活密不可分，具有广泛的普适性和参与性。民间信仰作为公民社会的精神建构，与社会治理天然契合，在社会整合、信仰重建中发挥着不可替代的作用，是社会治理多元主体中不可忽视的一元。显然，如何在政府主导下，正确看待民间信仰的社会价值，构建社会治理新机制，积极引导民间信仰参与社会治理，最大限度地发挥其在和谐社会建设中的正能量，是创新社会治理、提升国家治理能力的题中应有之义，也是本课题研究的意义所在。

1.2 研究目的

1.2.1 从社会治理的视角认识和评估民间信仰

目前，民间信仰的研究得到了学术界广泛重视，日益成为宗教学、民俗学、人类学、历史学、社会学等多学科交叉研究的焦点。但对于民间信仰概念的定义，学界至今未能达成共识，使得研究的内容及边界始终存在模糊性和不确定性。虽然众多学科的介入推动了民间信仰研究的深化和拓展，但不同学科的不同研究倾向也割裂了民间信仰研究的整体性，使得民间信仰更加难以进行全面一致的界定。

本课题在总结借鉴前人研究成果基础上，摆脱原有的学科研究偏好，从社会治理的宏观角度，运用定性研究和定量研究相结合的方法，对民间信仰的内涵、特性及社会结构进行全面分析，作出新的界定和解析，以求正确把握民间信仰的本质，理性评估民间信仰的社会作用，论证民间信仰的社会治理主体地位和参与社会治理的必然性、必要性，从而在民间信仰走向复苏的背景下，为承认民间信仰的合法地位，保护信众进行规范有序的信仰活动及合法权益，加强正面引导，兴利除弊，创建民间信仰管理新模式提供理论依据。

1.2.2 从社会网络的角度分析民间信仰群体结构及与社会系统的互动关系

民间信仰作为原生于我国草根社会的本土信仰形态，是我国长期存在并将继续长期存在的历史文化现象，“它们是一个社会现实的象征”[①]。从社会网络的角度看，民间信仰群体就是由信奉民间信仰各种神灵的行为个体所构成的一个特殊社会关系网络，它是整个社会系统的有机组成部分，也是现实社会结构关系的另一种方式的典型映照。民间信仰群体具有社区性和人际关系紧密性，与社会网络分析方法天然匹配。社会网络分析方法是用数学工具对社会问题进行定量分析的方法，它是把社会系统看成关系网络，从分析关系的角度研究社会的结构，进而捕捉由社会结构形成的社会态度和行为。本课题将在国内首次运用社会网络分析的思维和方法，以中国民间信仰发源地和兴盛地——冀南区域中心邢台市的民间信仰群体为典型，以大样本的抽样调查为基础，建立民间信仰社会网络模型，进行定量分析和实证研究，找出结点人物和传播枢纽，从社会结构角度研究信众群体的行为模式、规律及其与社会系统的互动关系，为民间信仰的社会治理制度设计提供科学依据和数据支持。

---

① 杨庆堃，中国社会中的宗教［M］. 上海人民出版社，2007，第1页。

1.2.3 从民间信仰参与社会治理的维度提出政府管理策略

在我国市场化取向的社会转型期，社会利益格局的多元化和思想价值观念的多元化趋势不可避免。社会主义的和谐文化，应当是多元共存、相互尊重、兼容并蓄、相互交流和协调发展的文化形态。越来越多的学者认为民间信仰作为中华民族的传统文化，是民族道德信仰体系的重要内容，是社会主义和谐文化的有机构成，其所包含的诸如忠孝仁义、积善德行等人文道德理念，对民间社会的整齐风俗、和谐生活，平民百姓的修身养性、安身立命提供了实践精神和意义关怀，是社会整合重构的有效的“精神黏合剂”。我们认为：民间信仰对社会转型时期出现的信仰空虚、道德缺失、人性扭曲等诸多社会问题，具有整合、调和、缓解、转移、凝聚作用，不仅具有文化建设方面的建构意义，而且在社会治理中也扮演不可或缺的角色，是社会治理的重要主体。在个体层面，它具有精神寄托、心理调节、诉求表达等心灵关怀功用；在社会层面，它具有道德教化、行为规范、文化传承、生态保护、经济助推、民族凝聚等社会整合功能。民间信仰与社会稳定密切相关，对社会转型具有重要影响。民间信仰组织和群众是和谐社会建设的正能量。引导民间信仰与社会主义和谐社会建设相适应，充分发挥其在多元化社会治理中的能动作用，是创新社会治理的重要内容。本课题将在全面研究把握民间信仰本质特性的基础上，正确认识民间信仰的社会价值、社会地位，厘清政府、民间信仰在社会治理中的角色定位和互动机理，提出社会转型时期民间信仰参与社会治理的思路和政府管理民间信仰的创新策略，指出构建民间信仰社会治理新机制的有效途径，为形成官民共治的社会治理新模式提供理论依据和数据支撑。

1.3 研究方法和技术路径

本课题以社会治理理论为指导，坚持实事求是、问题导向，采取

田野调查与理论研究相结合、宏观研究与实证研究相结合、定性分析与定量分析相结合的方法。研究的技术路径是:

(1) 文献研究。通过全面系统查阅国内外关于民间信仰研究的相关文献，梳理民间信仰产生和发展的历史线索，围绕民间信仰这一概念，着眼于深入挖掘其表象背后所隐藏的稳定秩序与规则，探索其自身运行的内在逻辑，分析纷繁复杂的民间信仰现象背后的一般性、共同性、根本性特质，从社会治理的维度，形成对民间信仰本质和特性的新认识、新概括。

(2) 社会治理理论定性研究。民间信仰是公民社会的信仰建构，在社会治理中既是主体又是客体，在社会治理中扮演着重要角色。本课题把民间信仰置于社会治理理论框架下，在 2012 年组织邢台市 21 个县市区进行民间信仰田野调查的基础上，对民间信仰在传统社会和现代社会所扮演的角色进行系统研究，重点研究我国当前社会转型期社会信仰重建与社会治理的关系、民间信仰与社会治理的契合性、民间信仰在社会治理中的作用机理，论证民间信仰在社会治理中的主体地位和参与社会治理的必然性、必要性。

(3) 社会网络分析方法定量研究。冀南地区地处京畿要冲，是中华文化和民间信仰发源地，民间信仰活动历来兴盛，种类齐全，人数众多，在我国具有民间信仰活动的典型性和代表性。特别是邢台市，目前我国社会存在的 19 种民间信仰在该地区都有表现，该市近年来对民间信仰管理高度重视，作为河北省的试点，对民间信仰规范化管理进行了创新探索，具有实证研究的丰富条件。因此，本课题以邢台市为总体样本，在组织邢台市统计局和国家统计局邢台农村调查队在邢台农村进行 5100 个样本的抽样调查基础上，运用社会网络分析方法，利用调查统计数据，建立民间信仰社会网络模型，对民间信仰群体结构特性，如信众情况、心理特点、活动规律、发展趋势，与社会系统的互动关系，如与当地经济、文化、历史等因素的关系、民间信仰的潜在社会风险等，进行定量分析，为民间信仰管理策略创新提供数据支撑和可靠结论。

(4) 综合研究。综合定性研究和定量分析，从社会治理角度，客观评估民间信仰在当代社会的地位和功能，厘清民间信仰参与社会治理所扮演的角色和发挥的作用，明确政府在社会转型期处理民间信仰事务的方针、原则和策略，设计民间信仰参与社会治理的路径和方案。

通过上述研究，本课题将在四个方面有所创新：一是从“大宗教观”的视野、民间信仰与社会结构同构共生的角度，形成对民间信仰概念、本质及特性的新认识、新界定；二是在社会治理理论框架下，分析信仰重建与社会治理的关系、民间信仰与社会治理的契合性及作用机理，提出并论证民间信仰是社会治理的主体；三是在国内首次建立民间信仰社会网络模型，用数学方法对民间信仰群体结构及与社会系统的互动关系进行定量分析；四是从社会治理角度，提出政府对民间信仰的可操作性管理策略，填补基于社会治理视角的民间信仰管理研究空白。

第2章 文献综述和研究现状

2.1 民间信仰研究的历史脉络

“民间信仰”一词作为学术词汇，最早见于1892年的西方学术期刊。二十世纪二十年代，“民间的信仰”、“民众信仰”、“民间宗教”开始见诸中国学者的文章。至三十年代，“民间信仰”逐渐成为一个相对稳定的术语，顾颉刚、费孝通、汪兆翔、陈寅恪、许地山等学者都曾以民俗学的视角进行过研究。①

二十世纪五十年代之后20多年间，由于新中国建立初期开展了大规模取缔封建反动会道门运动，以及后来开展“破四旧”运动和“文化大革命”运动，使得公开的民间信仰活动在社会上基本消失，国内大陆地区民间信仰研究一度沉寂。同期，港台地区的研究活动继续存在，香港地区以渔农族群的祭祀活动研究为主，台湾地区的研究以“祭祀圈”为中心、重在探讨村落信仰与社会之间的关系。

二十世纪七十年代末，随着国内民间信仰活动的复苏，民间信仰的研究重新引起了学术界关注。国内外的学者围绕着宗教学、人类学、历史学、社会学等学科对民间信仰进行学科内的研究和探讨，相继出版了一系列的民间信仰方面的学术专著，如宗力、刘群主编的

① 高丙中，作为非物质文化遗产研究课题的民间信仰［J］．江西社会科学，2007（3），第152页；朱海滨，民间信仰——中国最重要的宗教传统［J］．江汉论坛，2009（3），第54页。

《中国民间诸神》（河北人民出版社1986版）、金泽的《中国民间信仰》（浙江教育出版社1989版）、何星亮的《中国自然神与自然崇拜》（上海三联书店1992版）、马西沙和韩秉方主编的《中国民间宗教史》（上海人民出版社1992版）、乌丙安的《中国民俗学》（辽宁大学出版社1985版）和《中国民间信仰》（上海人民出版社1996版）等。

进入二十一世纪后，随着社会经济和思想信仰的多元发展，民间信仰日趋活跃，并且更紧密地同社会生活相联。作为全面了解中国社会和普通百姓的一个独特视角，民间信仰逐渐成为学术研究的热点之一，研究的范围和内容不断拓展，有关文献不断增多。比较有影响的，如侯杰、范丽珠的《世俗与神圣：中国民众宗教意识》（天津人民出版社2001版），于险峰的《不可忽视民间信仰问题》（中国宗教2002年第5期），李云华的《民间信仰与宗教》（中国宗教2004年第9期），王铭铭的《社会人类学与中国研究》（广西师范大学出版社2005版），陈进国的《信仰、仪式与乡土社会：风水的历史人类学探索》（中国社会科学出版社2005版），王建新、刘昭瑞的《地域社会与信仰习俗：立足田野的人类学研究》（中山大学出版社2007版），陈晓毅的《中国式宗教生态（青岩宗教多样性个案研究）》（社会科学文献出版社2008版），李向平等主编的《中国信仰研究》（世纪出版集团2011版），路遥主编的《民间信仰与中国社会研究系列》（上海人民出版社2011版）等。其中，路遥主编的《民间信仰与中国社会研究系列》共7卷，为教育部重大攻关项目，是近年来对中国传统社会民间信仰进行整体性研究和系统性论述的重要文献。

2.2 民间信仰的研究现状

国内真正有学术意义的民间信仰研究，集中于1978年以后的30多年，主要有民俗学、人类学、社会学三个研究取向。研究者的关注点集中于三个问题：一是民间信仰在中华传统文化中的地位，二是民间信仰概念的界定，三是民间信仰与宗教的关系。对第一个问题，学术界的认识比较一致；而对后两个问题，学界至今众说纷纭，没有共识。

2.2.1 三个研究取向

2.2.1.1 民俗学取向的研究

民俗学取向的研究，是从活态的信仰民俗事象入手，观察在特定语境下的信仰主体的存在方式、生活状态、历史心性和文化表情。[①]其研究特点是重视当下的、日常的信仰生活，透过语境看信仰民俗变迁，既审视信仰民俗事象活态的生成机制，也关照信仰生活的历史、社会、文化背景，重点研究民间信仰的“民俗性”、“民间性”、“生活性”、“社区性”和“地方性”。一些学者直接将民间信仰定义为“民俗”。这类理论的代表，有张紫晨的《中国民俗与民俗学》（浙江人民出版社1985版），钟敬文的《民俗学概论》（上海文艺出版社1998版），宗力、刘群主编的《中国民间诸神》（河北人民出版社1986版），何星亮的《中国自然神与自然崇拜》（上海三联书店1992版）。特别是，乌丙安的《中国民间信仰》（上海人民出版社1996版）及《中国民俗学》（辽宁大学出版社1985版）从信仰的组织、对象、权威、宗派、体系、戒规、神祇、场域、仪式与意识等10个方面，详述了民间信仰与宗教的区别，突出了民间信仰之“民俗性”而非“宗教性”的本位，几乎成了民俗学界的通识。

2.2.1.2 人类学取向的研究

人类学取向的研究，对民间信仰的“宗教性”和“历史性”元素情有独钟，对民间信仰的仪式结构、社区系统以及宗教象征符号的形成机制十分关注，尤其侧重“共时性”反思，即透过民间信仰社区语境的深层研究，反思其内在的宗教性——作为整体的、日常的信仰生活本身。人类学研究取向又分为两个路径的探索：

一是宗教人类学的探索。长期以来，中国民间信仰颇受国外汉学

---

① 陈进国，中国民间信仰研究述评——以大陆地区为中心，中国民间信仰研究述评［M］. 上海人民出版社，2012，第46页。

与人类学界的关注。特别是上世纪七十年代以来，国外一些人类学家对中国民间信仰的象征体系、组织结构及运作模式、仪式实践、社会功能等进行了较为深入细致的考察，他们的研究直接楔入了民间信仰的地域祭祀体系的内部结构，从而对民间信仰的“宗教性”本质特征有敏锐的察觉。其中，华裔美国社会学家杨庆堃在其代表性著作《中国社会中的宗教》（上海人民出版社 2007 版）中对“制度性宗教”和“弥散性宗教”的类型划分，美国人类学家桑格瑞（P. Steven Sangren）在《一个汉人社区的历史与巫术力量》（Stanford，1987）中对中国地域崇拜中社区宗教仪式的功能分析，英国人类学家王斯福（Feuchtwang）在《帝国的隐喻：中国民间宗教》（江苏人民出版社 2009 版）中对地域神明谱系的“帝国隐喻”的剖析等观点，都对中国大陆人类学的民间信仰研究影响很大。受国外的影响，国内一些学者如王铭铭等就采用“民间宗教”传统而非“民间信仰”传统来描述“流行在中国一般民众尤其是农民中间的神、鬼、祖先信仰”[①]。

二是历史人类学的探索。就是重视通过分析中国民间信仰与社会历史变迁过程的关系，来客观展示民间信仰的宗教特性。如，陈晓毅在《中国式宗教生态（青岩宗教多样性个案研究）》（社会科学文献出版社 2008 版）中，描绘了青岩地区汉族、布依族、苗族的民俗宗教及建制化宗教的历史脉络，尝试用“三层楼结构”——底层（民俗宗教）、中层（儒释道等传统宗教）、上层（基督教、天主教等“一神教”），来剖析“中国宗教生态”在宏观、中观和微观三个层面的意义。陈进国在《信仰、仪式与乡土社会：风水的历史人类学探索》（中国社会科学出版社 2005 版）中，将生活史、宗教史、家族史、思想史结合在一起，来研究作为一种文化系统和民众的生活方式的风水文化事象，民间信仰如何参与构建近世乡土社会的认同、分类意识，并影响社会文化秩序的整合。

2.2.1.3 社会学取向的研究

近年来，随着民间信仰研究领域、视角的不断拓展，越来越多的

① 王铭铭，中国民间宗教：国外人类学研究综述［N］．中国民俗学网，2012.12.14。

学者开始关注中国民间信仰与社会的相互关系，从社会学的角度来研究和把握民间信仰。社会学研究取向重在研究民间信仰发生的地域社会环境、生长特性及相互影响。如，王建新和刘昭瑞主编的《地域社会与信仰习俗：立足田野的人类学研究》（中山大学出版社2007 版），详细分析了民间信仰体系的形成、信仰形态及与地方社会的相互作用。李向平在《从信仰到宗教的实践逻辑》（社会理论丛刊2009 年秋季号）中，从分析中国社会结构的关系本位，揭示出民间信仰“是一种关系主义的信仰模式”，认为“中国人及其中国所信奉的神灵都是一种关系的存在，中国人的宗教信仰、信仰关系与现实个人之间，人与人以及人与神之间都是一种关系结构，而这种关系结构常处在不断变化之中”。李思明在《中国民间信仰综述》（《中国信仰研究第 1 辑》，世纪出版集团 2011 版）中认为，民间信仰的对象——神、鬼、祖先以自身的存在表征社会秩序，民间信仰的象征体系同样也动态地揭示了民间信仰和社会秩序之间的关系。

2.2.2 民间信仰概念的不同表述

民间信仰作为一个被学术界反复构建的范畴，名称五花八门，如“民间宗教”、“民俗信仰”、“庶民信仰”、“民俗宗教”、“生活宗教”、“俗神信仰”、“民众宗教”、“民间文化”等。目前，尽管“民间信仰”作为概括那些在民间社会长期流传的超自然神灵崇拜现象的概念已为国内学术界所接受和认同，但对民间信仰的定义，仍有较大分歧。根据不同取向的研究，主要有三种代表性的观点：

（1）认为民间信仰是信仰习俗。民俗专家乌丙安将“民间信仰”定义为：“在民间广泛存在的日常信仰习俗。”① 其内容包括对自然物、自然力的崇拜（包括天地及天体、天象、动植物）等，对幻想物的崇拜（包括神灵、鬼灵、精灵）等，对附会以超自然力的人物崇拜（包括神人、先人、圣人、巫师等），对幻想的超自然力的崇拜（包括灵物、灵魂、偶像、巫术等）。贾二强、赵匡为也认为：民间

① 乌丙安，中国民俗学［M］．沈阳：辽宁大学出版社，1999，第 23 页。

信仰就是“指多民族、多宗教的国家中，那些存在于民间但又不同于传统宗教信仰的一切其他信仰现象……表现为人们的一种较鲜明色彩的习俗。”①

（2）民间信仰是传统宗教。宗教学者金泽认为：“民间信仰是历史上长期存在并将继续长期存在的一种宗教现象，是一种原生性宗教。”② 宋兆麟认为：“民间信仰是一种极其复杂的宗教形态，是在各民族群众广泛流行的、具有明显民族和地方特色的宗教信仰。”③ 牟钟鉴指出：“在中国历史上，确实存在过一个绵延千年的正宗大教，我们称之为宗法性传统宗教，它以天神崇拜、祖先崇拜和社稷崇拜为主体，以日月山川等百神崇拜为羽翼，以其他多种鬼神崇拜为补充，形成了相对稳固的郊社制度、宗庙制度以及其他祭祀制度。”“它的基本信仰是敬天法祖，既有国家性质，又带有全民性，故也可以称之为传统国家民族宗教。”④

（3）民间信仰是混合信仰。台湾地区人类学者李亦园指出：“中国传统的宗教信仰实是一种混合体，其以佛道教教义为重要成分，但也包括了佛道以外如民间信仰中祖宗崇拜及其仪式的最古老成分，还有许多与佛道无关的农业祭仪，对此我们无法像西方人称民族的宗教为某某教一样来说明，只能称之为民间信仰。”“它不像西方那样具有强烈的排他性，而是属于一种兼容并包的信仰状态。”⑤

总之，对于民间信仰，表面上似乎大家都固守着一种不言自明的含义，但实际上这一概念在不同的情境中使用，要么其所涵盖的现象存在明显的异质性，要么其内涵和外延具有极大的模糊性。因此，本课题的研究，就需以对民间信仰作出明确的、新的界定为起点。

---

① 贾二强、赵匡为，唐宋民间信仰［M］. 福州：福建人民出版社，2003，第1～5页。

② 金泽，能否和谐发展：民间信仰面临的挑战与选择［J］. 福建省社会主义学院学报，2006（1），第15页；民间信仰的聚散现象初探［J］. 西北民族研究，2002（2），第6页。

③ 宋兆麟，巫与民间信仰［M］. 北京：华侨出版公司，1990，第67页。

④ 牟钟鉴，中国宗教与文化［M］. 台北：唐山出版社，1995，第139页。

⑤ 李亦园，人类的视野［M］. 上海文艺出版社，1996，第103页。

2.2.3 民间信仰的社会功能及管理策略研究现状

如何评价民间信仰的社会功能，如何对其进行社会管理，历来都是一个非常重要而棘手的问题。因为民间信仰从古至今都没有享有过官方认可的“宗教自由”的待遇，始终处于一种自发、自然、自在的生长状态。或许正是由于缺少实践基础和经验总结的缘故，长期以来，学界对民间信仰的社会功能和管理策略的研究比较鲜见。只是近几年才有一些政府宗教事务部门工作者和少数研究社会管理的学者略有论及，择要分述如下。

2.2.3.1 民间信仰社会功能的主要论点

对于民间信仰社会作用的认识，集中起来主要有两大对立的观点：

一种观点认为，民间信仰对社会主要是积极作用。一些学者如陈明文从整体上肯定民间信仰的积极价值：（1）民间信仰作为传统文化的组成部分具有十分重要的研究价值；（2）民间信仰作为传统文化资源具有经济开发利用价值；（3）民间信仰所倡导的某些道德观念在现代社会中能起到道德教化功能；（4）民间信仰活动仪式具有区域认同、社会整合的功能；（5）民间信仰作为民间文化的组成部分具有一定的艺术价值和美学价值，在丰富人民精神文化生活等方面起到积极作用。[①] 一些学者从不同侧面，如黄建铭从构建和谐社会的角度概括了民间信仰的正面功能：（1）教化个体灵魂。神灵崇拜展示的“信仰力”和“道德力”，不仅有效推动个体灵魂在民间社会的“内敛化”进程，而且对揭示个体内心潜藏的思想困惑，使自我重新回归到心灵之和谐有序方面有明显的功效。（2）提升社会道德。民间信仰包含着丰富的以社会和谐统一为价值取向的中华民族伦理规范。相对于一般世俗道德，建立在民间信仰基础上的道德的内心约束力强大得多、有效得多。（3）凝聚民众人心。祀神、祭祖，不仅

① 陈明文，试论民间信仰在现代社会中的价值与作用［J］．常德师范学院学报，2003（3），第36～38页。

唤起整个族群的血亲意识，而且使整个氏族，甚至整个民族变得更加团结，密切祭祀圈内的人际关系。（4）保护生态。自然神崇拜、植物崇拜、动物崇拜等，有利于当代社会的生态环境保护。[①]

另一种观点则认为，民间信仰对社会以消极作用为多。如，王宁、贾廷秀等从整体上否定民间信仰，认为：（1）民间信仰给社会和谐增添了不稳定因素。因民间信仰群体的内外部矛盾、基层政府处理不当或境外敌对势力的政治渗透而引发的突发性群体性事件，可能成为影响社会稳定的突出性问题。（2）民间信仰给经济发展带来潜在风险。首先体现为加重民众特别是农民的经济负担，对社会物力、财力是极大浪费；其次是使信徒放弃正常的生产劳动，造成劳动力的巨大浪费或闲置。（3）民间信仰给社会主义文化造成了极大冲击。民间信仰通过各种策略和途径争夺信众和资源，在与基层政权争夺基层文化阵地上占上风；民间信仰容易被利用来进行迷信活动，导致乡村社会封建迷信的流行；民间信仰与邪教鱼目混珠，导致邪教盛行。[②] 一些学者从不同侧面，如王利华从社会主义核心价值体系培育的视角指出了民间信仰的消极影响：（1）影响对马克思主义的信仰。民间信仰是有神论、讲因果报应等，这些思想与客观现实不相符，与马克思主义的世界观、价值观严重对立。（2）影响对崇高理想的追求。转型过程中，一些民众产生困惑、忧虑、挫折感，"无所不能"的众多神灵便乘虚而上，成为他们的精神支柱，影响他们的思维方式，致使他们依赖鬼神等神秘力量，放弃改变自己命运的努力。（3）影响对时代精神的吸收与传承。民间信仰总是对过去事情的认识和记忆，总使人把对人生和未来的向往特别是逆境归因于神灵，从而使人对未来缺乏信心，久而久之自然会使人对代表社会发展方向

① 黄建铭，民间信仰的社会功能及导控——构建和谐社会视角［J］．福建行政学院福建经济管理干部学院学报，2006（3），第78～81页。

② 王宁，浅析社会转型期民间信仰对社会稳定的影响［J］．陕西社会主义学院学报，2010（3），第25～27页；贾廷秀，论民间信仰对社会主义新农村建设的影响［J］．理论月刊，2007（7），第173～174页。

的时代精神产生怀疑和动摇。[①]

长期以来，学界对民间信仰的社会功能多持否定态度。近几年来，正面评价逐渐增多。不管持何种态度，总的来看，目前学界对民间信仰形成了以下共识：一是民间信仰作为中国传统文化的重要组成，具有积极意义，值得关注和挖掘研究；二是民间信仰存在负面因素甚至社会风险，需要高度警惕以免影响社会稳定；三是政府要加强制度化、规范化管理，引导民间信仰与社会主义和谐社会相适应。

2.2.3.2 民间信仰管理的主要论点

由于研究者的价值判断不同，对民间信仰社会功能的看法不同，因而对应采取的管理态度也大相径庭。归纳起来，主要有三种观点：

无为而治说。这种观点认为，民间信仰只要不违反国家法律，不破坏社会稳定，就不应对其活动加以干涉，更不要去简单地禁止和取缔。如，徐姗娜在《民间信仰与乡村治理——一个社会资本的分析框架》（《东南学术》2009 年第 5 期）中，提出要“四个为主、四个为辅”：（1）自律管理为主，政府监管为辅。尽量发挥民间信仰组织的自主性，不仅促进社会资本的发展，为广大民众提供相互交流的机会，培养公民社会，而且还有利于民主参与精神和自愿精神的培育。政府各相关部门只需按照职能进行监管。（2）村规民约为主，制度规范为辅。村规民约有助于充分体现农民的自治权，维护农民的合法利益和保障村庄的和谐秩序。（3）精神引导为主，文化教育为辅。应向农民进行全面系统的信仰教育和精神引导，帮助倡导选择科学而理性的信仰方式。（4）民间精英为主，基层干部为辅。对民间精英加强培训，使他们自觉地与主流价值观保持一致；对于基层干部，则要求切实贯彻村民自治法，使其与民间信仰的关系由行政领导变为行政指导。

严格管控说。这种观点认为，对民间信仰活动的危害性不可忽视，主张通过一系列措施严格控制其活动，逐步消除其影响力。如，

---

① 王利华，民间信仰影响下的大学生核心价值体系培育［J］. 学校党建与思想教育，2008（8），第 43 ~ 44 页。

王宁在《浅析社会转型期民间信仰对社会稳定的影响》（《陕西社会主义学院学报》2010 年第 3 期）中提出：要严格规范民间信仰的仪式活动与社会行为；严格规范民间信仰中的政治化、商业投资化行为；对借助民间信仰活动散布政治谣言者予以打击，对其以营利为目的的商业化投机行为要予以取缔；对借助民间信仰进行违法犯罪活动者要依法从重打击；建立健全民间信仰仪式活动报告、准许制度和责任追究制度。张祝平在《正名与正行：民间信仰的社会控制及策略选择》（《中国民族报》2010 年第 3 期）中认为，民间信仰具有一定的荒谬性、盲目性、欺骗性，疏于管理极容易产生严重后果。应加强对民间信仰事务的管理，避免放任自流。要从管理体制上明确主管部门；从管理机制上应建立严格的审批制；建立健全民间信仰活动规范制度；对民间信仰进行必要的引导和规范，淘汰和抑制其迷信的内容，用社会主义主流意识改造、提升其文化品格。

有限管理说。这种观点主张，在承认民间信仰现实性的基础上，既要充分发挥其积极作用，也要对其进行限制、改造，抑制其消极作用。如，陈明文在《试论民间信仰在现代社会中的价值与作用》（《常德师范学院学报》2003 年第 3 期）一文中，在认真分析我国对民间信仰批判引导的历史经验后提出：（1）对民间信仰的批判与引导是非常必要的；（2）对民间信仰批判引导必须采取正确的方式，企图用行政命令来取消民间信仰是不现实的，说服教育才是唯一正确的方式；（3）对民间信仰的管理要宽严适度，管理过宽，自由活动空间过大，就会失控；而管理过严，自由活动空间过窄，等于剥夺了民众的部分自由权利，从而引起民众的反感。黄建铭在《民间信仰的社会功能及导控——构建和谐社会的视角》（《福建行政学院福建经济管理干部学院学报》2006 年第 3 期）中提出，将民间信仰纳入法治导控范围，既然承认民间信仰是长期的，信仰是自由的，那么就要全面正确地贯彻党的宗教信仰自由政策，加强对民间信仰活动的管理，将民间信仰依法纳入法律、法规和政策的范畴，在法治给出的平台上加以规范和导控。这种导控不是要使民间信仰中的唯心主义成分与唯物主义思想相适应，也不是强求民间信仰信众放弃唯心主义、有神论，而是要求信众在政治上拥护社会主义制度、拥护共产党的领导，遵守国家法律、法规和政策。

2.3 目前研究存在的不足

2.3.1 缺乏对民间信仰本质和功能的全面认知

究竟什么是民间信仰？学术界众说纷纭，莫衷一是。仅就对民间信仰概念的定义看，不管是实质性定义、功能性定义、象征性定义，还是内涵性定义、外延性定义，都具有一定的合理性，但都不免又有各自的偏颇、片面和局限。归根结底，没有真正揭示出民间信仰的本质。特别是，近年来一些学者为研究的方便，多采取功能性定义和外延式定义，使得研究对象成为一团与本质脱节、似是而非的现象，看上去许多东西都与民间信仰沾边，结果也就没有什么是民间信仰了。由于缺乏对民间信仰本质的认识和把握，既严重阻碍了民间信仰研究向更深层次的拓展，也从不同侧面形成了对民间信仰的一些误解和偏见。

2.3.2 社会治理视角的民间信仰管理研究尚属空白

作为中国当代基层社会的重要组成部分，民间信仰是研究当代中国社会的一个独特视角。但遗憾的是，通过民间信仰来研究中国社会的论著，以历史文献以及传统社会的研究为多，而通过当代民间信仰来对当代中国社会及其信仰秩序的研究论著则较少见。即使在少数从国家和社会的视角进行研究的学者的眼中，民间信仰也仅仅是社会管理的目标和对象，而非社会管理的主体，更谈不上研究民间信仰在社会治理当中的角色和功能，以及探讨如何发挥其参与社会治理的作用问题。

2.3.3 鲜有数学工具支撑的定量分析

已有的民间信仰研究，涉及民俗学、历史学、宗教学、社会学、人类学等多个学科，带来了不同的研究方法和工具，但总体上还局限于人文学科的领域，绝大多数都是采用定性分析的研究方法。目前尚未见到通过数学建模对民间信仰群体结构及与社会的互动关系进行的定量研究。尽管定性研究是社会科学领域传统有效的研究方法，但它不能为研究提供科学精确的数据支撑。特别是涉及民间信仰的规范化管理研究，如果缺乏有说服力的数据支持，很难为政府决策提供科学依据。

2.3.4 理论对实践的实际指导价值较低

在研究内容上，大多数学者侧重于地域性的个案研究，缺少地区性、全国性的综合研究；侧重民间信仰本身的研究，缺乏对其管理策略的考究。虽有一些学者也论及政府应当加强对民间信仰的引导和管理，但囿于研究不够系统充分、建议比较笼统，少见有细致全面的调查研究、理论分析和向政府相关职能部门提出的创新思路及可操作性措施。特别是，许多建设性意见仍停留在比照宗教事务管理"依葫芦画瓢"的传统思维和管理模式内，而在现实中，几乎所有民间信仰活动都不是在《宗教事务条例》中规定的宗教活动场所中进行的"正常的宗教活动"，并且多数民间信仰活动也未经政府批准，依照宗教事务管理办法施策等于是无本之木。民间信仰活动的社会实践被理论劈成碎片或扭曲，自然无法正确反映和体现其社会功能。

以上这些，正是本课题要研究解决的问题。

第3章 民间信仰的本质及特性

分析民间信仰的本质和特性，是课题研究的基础；对民间信仰概念的界定，则是课题研究的逻辑起点。而要给民间信仰下一个科学的定义并不容易。面对众说纷纭，本书遵循笛卡尔的方法论原理：“在科学真理的链条中，最初的环节始终居于支配地位”，[①] 从民间信仰产生和演进的历史过程中去探寻其本质内核，进而给出自己的界定和解析。

3.1 民间信仰的产生和演进

3.1.1 民间信仰的产生

中国的民间信仰来源于古代原始信仰与崇拜，以及文明社会演进过程中首先发生并流传于民间社会的信仰与崇拜。在人类社会初期，并没有专职巫师，更没有制度化的宗教。之后，在由氏族向部落向国家演变过程中，慢慢出现了巫师，并且由于原始宗教与世俗权力相结合的作用，主持祭祀和其他相关活动逐渐成为氏族贵族的特权。到了文明时代，原始宗教逐渐演化为国家宗教。在这一漫长的历史过程中，民间信仰伴随着早期巫术的发展，逐渐产生了三个原初性、低

① [法] 涂尔干著，渠东、汲哲译，宗教生活的基本形式 [M]. 上海人民出版社，1999，第4页。

层次原始崇拜形态。

（1）物魅崇拜。物魅即百物化成的精灵。物魅是神秘世界的元老，在它基础上，才逐渐升华出各类人鬼和神祇。将自然物人格化是人类历史上普遍存在过的现象，其前提条件是人类产生了灵魂观念。人类学的研究表明，灵魂观念的产生，与人的梦境有直接关系。我国一些少数民族如景颇族、佤族等传统观念认为，“人具有肉体和灵魂两种本质，人之肉体从母体出世就附着灵魂，证实灵魂之存在的是梦境，人在梦中一切所见所闻、所作所为都是灵魂的活动。人死只是肉体之死，而灵魂是不死的。”① 灵魂观念的产生，是人类思维能力的巨大进步，因为从这时起，人们开始觉察到了精神活动的特殊性并进行思考。随着人类对自身灵性的觉察，人们也将这种灵性推广到了所接触的其他自然物上，产生了万物有灵的观念。于是，有了灵性，“物”就变成了魅、成了精，物魅便正式登上了中华民族观念史的舞台，这是迄今民间信仰中对各类自然物神灵如树神、狐仙、蛇精等崇拜的直接源头。

（2）人鬼崇拜。在古代的崇拜体系中，人鬼占有十分重要的地位。据《礼记·祭法》说，大凡生于天地之间的，都有命。万物死亡称为“折”，而人死去叫“鬼”。但起初“鬼”并不是人死后的专用名词，鬼的原意并不专指人鬼，而是泛指百物的精魅。但在以后的发展中，鬼则渐渐变成了人鬼的专名。对人鬼的祭祀主要是祖先崇拜，这是中国古代宗教的突出特征，后来逐渐被赋予浓厚的宗法性和道德性，成为国家、宗族的礼制。据古文献记载，5000年前先民就祭祀炎帝、黄帝。至夏商周三代，祖先神在祭礼中更加重要。从《史记·夏本纪》中对夏朝王姓名世系的记载，可知夏人对先王都立有专祠进行祭祀。到商朝，对先王的祭祀更加频繁。而周朝的制度，对王、诸侯、大夫和庶人所享受的祭祀标准更是有严格的规定。除了祖先之外，一些贤人、功臣等也因特殊贡献受到社会的普遍崇拜，《礼记·祭法》中就规定：凡以其方法教导民众的，便祭祀他；因勤

① 吕大吉、何耀华，中国原始宗教资料丛编［M］. 上海人民出版社，1993，第72页。

劳办事而死的，便祭祀他；以自己的功劳安定国家的，便祭祀他；能抵御大灾的，便祭祀他；能排除大患的，便祭祀他。这种祭祀原则一直影响后世。

（3）神祇崇拜。神祇是神秘世界等级最高者，比鬼产生得晚一点。神的观念的发展，经过多个阶段。最初的神称为物神，也就是上文提到的物魅。进入文明时代后，古人逐步将作祟的精灵称为妖魅，而将与自己亲近的图腾以及佑护自己的物魅奉为神。后随着氏族部落的融合，人们理解程度由低及高，不少神经历了多重动植物的复合，以及由自然物的形象向人的形象过渡的过程，便产生了各种动植物和人的形象并合的神。在古代，各氏族、各部落都有自己的保护神，直至国家产生，也有了国家的神。按照周人的习惯，天上的神灵称天神，地上的神灵称地祇。传至后世，则常“神祇”连称，通指各类神灵。在民众观念里，神与鬼不同，鬼的灵力对人未必全是有利的，而神则是一种对人绝对有利的灵力。因此，人们都喜神厌鬼，逃避鬼的作祟与降灾，亲近神的保佑与祈福。而在诸神中，人最崇拜的是“人格神”，“人格神”就是人体悟了超自然的能力，转而成为超自然力的化身，即“道”的化身，人的生命经由神圣的转化，获得普遍认同，成为信仰主神，被民众崇奉，将其形象作为现实生活的指导和价值定向。故而，人们崇拜神，不只是为了消灾解厄，主要还在于与神的精神契合，寻找生命的理性出路。

3.1.2 民间信仰的演进

在漫长的历史长河里，民间信仰在传承、变异从上古自然崇拜中继承下来的三个原始信仰的基础上，不断融合、添加皇朝祭祀、制度化宗教、民间的神灵创造等新的元素，逐渐形成了十分庞杂的民间信仰体系。

（1）古自然崇拜的传承。对各类自然物的崇拜，一直是民间信仰体系的主流。在中国民间，无论汉族还是少数民族地区，人们普遍相信“万物都会成精”。比如，对“树神”的崇拜就是保留古老原始信仰的典型例子，据黄子奇转述曹松叶先生 1929 年在浙江金华的调查，当时金华城区有神庙89座，其中树神庙就有21座。[1] 对动物类精灵的崇拜也沿袭了几千年，但不同时代以及不同地域敬拜的动物各有所不同。据蒲松龄《聊斋志异》记载，明清时期，南方盛行“五通”，北方则信奉“狐仙”，通称信奉以狐狸为中心的五种动物精怪：狐、蛇、刺猬、黄鼠狼和田鼠，合称为“五大仙”。作者在邢台调查发现，对“冰神”的崇拜至今在各县区非常流行。

（2）历朝祭典中的遗落。在中国古代社会，每一个朝代都有祀典，规定哪些神灵是官方认可的，应当享受怎样的祭祀礼遇。祀典的内容十分宽泛，有最高的神灵昊天上帝、地祇；有主管各类星象、天候、气象的神灵，如二十八宿、日月及风伯雨师等；有海洋、山川之神，如四海神、五岳神等；也有前朝或今朝的先人、功臣，如关羽、岳飞等。本来，官方祀典中的神灵并不是谁都可以祭祀的，如北京的天坛、地坛、日坛、月坛等，都是皇家祭祀特权的象征，但由于皇朝更替等原因，原有的一些规定不断被打破，不少神灵走下了皇朝舞台，流落到民间，像雷公电母、各路星君、五岳四海等神。自然，对它们的神格，民间作出了自己的解释，祭祀的方式也与官方的规定差别很多。

（3）对佛、道教的吸收。民间信仰能够获得长足的发展，其中一个重要因素是从佛、道教中“引进”了很多佛、菩萨与神仙，如观世音、地藏王、济公来自佛教，太上老君、玉皇大帝和八仙来自道教。但民间对这些神灵的信仰，或者说对其来历、职能、地位等的理解，与原来所在教派中的并不一致。如观世音本是西方极乐世界阿弥陀佛的两个协侍之一，而在民间信仰中则将其说成是南北朝北周时期兴林国国王的三公主妙善，所以民间信仰供奉的观世音多以千手千眼的女神形象出现，称之为“观音娘娘”。在邢台市南和县，从古至今一直充满浓厚的观音信仰，因为南和县有座始建于北周时期的白雀庵，传说是妙善出家修行之地，南和亦被称为观音信仰发源地，

---

① 黄子奇、金华树，神崇拜习俗考略，中国民间文化·稻作文化田野调查［M］．上海：学林出版社，1994，第21页。

海内外信众每年都要来邢台南和参加观音文化节，举行祭拜仪式。

（4）民间的造神运动。伴随社会的前进，民间也在不断进行造神运动。民众对于曾经有功于当地的各种人物，或曾经任过类似巫师、仙姑之职的，都会在其死后为之立庙供人膜拜。比如，闽、台地区的开漳圣王、妈祖就是典型例子。再如，邢台平乡县是"梅花拳"的发源地，已被列入国家级的非物质文化遗产，当地民众特别是拳民都拜其创始人邹宏义为"梅花拳祖"，每年都举办隆重的祭拜活动。此外，民间造神并不局限于现实人物，各种传说、故事，周围发生的异常事件、人物，往往也是造神的素材。如《西游记》小说中的人物齐天大圣孙悟空，在岭南、福建一带就被奉为神灵，多地为其修造了"齐天大圣庙"；在香港不仅有其庙，还供奉着孙悟空的"真经"，供人浏览。民间的造神运动，看似有很大的随意性，但一般都遵循着从古代祭义中传承的原则：对贤人的纪念报谢，对神明"灵验"的敬畏信赖，对生活福祉的祈求等。

从民间信仰产生和演进的历史过程中，可以发现两个基本历史事实：

第一，民间信仰实际上就是中国社会原生的传统民族国家宗教。"民间信仰一方面传承了中国各民族或族群的自然性宗教（自为生成）的传统，另一方面也传承了制度化宗教（人为构建）的传统，带有村社或跨地区之混合宗教的典型特征，是'原生性'和'创生性'共存的复杂信仰形态。"① 民间信仰的宗教性不是以独立的组织化结构表现出来，而是深深根植于家庭生活和地方制度中，在中国社会的文化传统中，家庭就是地方性的教堂；在民间，不论何人，如果生前具有道德操守并对社会做过杰出贡献，那么身后就有机会成为当地的保护神，这种"对地方保护神的普遍接受表现了中国人对宗教有着敏感深刻的感知，这种公共祭祀的重要性成为中国宗教生活独一无二的特征"。② 所以，尽管民间信仰不具有观念或仪式体系的

① 陈进国，中国民间信仰研究评述——以大陆地区为中心，中国民间信仰研究评述［M］．上海人民出版社，2012，第41页。

② 杨庆堃，中国社会中的宗教［M］．上海人民出版社，2007，第168页。

一致性，但显然都具有超自然的特性；尽管它自发于民间，但其信仰对象不仅仅只是属于庶民基层，更是属于精英阶层，甚至可以是传统国家宗教祭祀的一部分。

第二，民间信仰是伴随着民间社会的演进而演进的特殊信仰形态。民间社会是一个动态的过程，民间信仰也是一个不断发展变化的动态过程。民间信仰肇始于神圣与世俗的结合，传承在宗教与民俗的交融。中国民间信仰的祭祀，既是宗教的仪式，又是社会的习俗。作为中华民族精神世界的有机部分，民间信仰与社会的组织结构、民众日常生活有着极为密切的联系。中国民间信仰的建构，实质上可以看作一个“由人到神”和“由神到人”的社会互构过程。在中国社会，民间信仰表达着同时也建构着它生存于其中的社会秩序，只不过“民间信仰对社会秩序的表达和建构更多地体现在信仰、仪式和象征中，其中，信仰体系主要包括神、祖先和鬼三类；仪式形态包括家祭、庙祭、墓祭、公共节庆、人生礼仪、占验术等等；象征体系包括神系的象征、地理情景的象征、文字象征（入对联、族谱、道符等）、自然物象征等等”。① 可以说，民间信仰是介于家庭祭祀与制度化宗教之间的，带有民俗色彩的、民间的社会的信仰形态。

3.2 民间信仰概念的界定与辨析

3.2.1 民间信仰概念界定

在学术意义上研究民间信仰概念的定义，必须从本质入手。一个事物的本质属性是决定该事物之所以为该事物，并把它与其他事物区分开来的质的规定性。从民间信仰产生和演进的历史过程中，我们看出：民间信仰的本质是宗教，形式是民俗；也就是说其内核是宗

① 王铭铭，象征与社会：中国民间文化的探讨［M］. 天津人民出版社，1997，第91页。

教，外壳是民俗。对超自然的神灵的信仰与崇拜，是民间信仰的本质属性，这正是民间信仰区别于其他社会现象的根本界限。然而，就此定义民间信仰仍是不全面的。民间信仰的本质特征还须通过其外部形式来体现，也就是说民间信仰的不可见的思想观念和情感体验，必然要通过历史传承下来的、存在于民间的各种载体来表现。因此，在综合借鉴、比较各种定义基础上，本书将民间信仰概念定义为：存在于非官方社会层面的、有一定历史传承的、具有地方民俗表征的崇拜各种神灵的信仰体系。信仰体系的内容包括：流行在中国民间的神、祖先、鬼的信仰，庙祭、年度祭祀和生命周期的仪式形态，血缘性的家族和地域性庙宇的仪式组织，有神论的世界观和宇宙观的象征体系。

从这个定义来理解民间信仰，其内涵包括了“宗教性”和“民俗性”双重维度，并且与制度化的宗教形态（如佛教、道教、伊斯兰教、基督教、天主教、新兴宗教等）区别开来。

按照这个定义的界定，根据我国政府现行的法规政策，除佛教、道教、伊斯兰教、基督教、天主教等五大宗教及法律、法规明令禁止的之外，其他存在于社会中的各种民间信仰形式都属于本书所讨论的范围。

3.2.2 民间信仰相关概念辨析

界定民间信仰概念，不仅是一个学理问题，也是关系到对民间信仰恰当定位和理性对待的政策性问题，因此，有必要进一步厘清以下关系。

3.2.2.1 民间信仰与民俗的关系

民间信仰在存在状态和组织形态上与民俗文化高度类似，它的表现形式和主要载体也是民俗。但民间信仰并不能等同于民俗文化。单从概念来看，民间信仰包含两个层面，一是其存在形态上的民俗特征，表明了它的草根属性和“小传统文化”特点；二是其作为信仰的宗教性，表明了民间信仰的宗教属性和超自然特点。民俗性只是民间信仰的表明特征、表象属性。而其本质特征则是信仰属性。要全面把握民间信仰，绝不能只强调其民俗属性，而忽视甚至否定其信仰属性，恰恰唯有信仰属性才是民间信仰的质的规定性。因此，无论民间信仰形态中的民俗性和宗教性所占的比重和分量，可能因为不同的民间信仰种类、随着时间地点的转移而有所差异，但民间信仰与民俗文化还是有着质的区别。可以说，民间信仰外壳是民俗，本质是宗教。

3.2.2.2 民间信仰与迷信的关系

在我国，很长一段时间内，民间信仰曾被民众甚或官方视为“迷信”或“封建迷信”。如1999年版的《辞海》对“民间信仰”的解释是：“民间流行的对某种精神观念、某种有形物体信奉敬仰的心理和行为。包括民间普遍的俗信以至一般的迷信。”这其实是只看现象，不见本质。在长期历史传承中，民间信仰固然夹杂着许多迷信内容，但仔细考量，其与迷信有着根本的不同：第一，两者范畴不同。民间信仰是文化语境下的学术概念，“封建迷信”、“迷信”则是法律术语、政治术语，不是学术概念。1979年的《刑法》曾将“封建迷信”定为罪名；1997年修改后的《刑法》第300条去掉了“封建”，保留了“迷信”，而“两高”关于“迷信”的司法解释非常含糊。第二，对应关系不同。迷信并非是与宗教相对的概念。迷信是宗教的一种表现形式，是与“正信”相对的、偏离了正统的信仰方式。任何一种宗教（包括民间信仰）均有可能出现迷信的表现形式，“迷而信上帝与迷而信雨神之间并无本质的差别”。[①] 从一般理论上讲，对任何事物都有可能存在迷信的观念。所以，迷信并非民间信仰独有，更不等同于民间信仰。第三，活动方式不同。迷信活动一般由神汉、神婆主持，在信仰主体与信仰客体之间，插入了迷信职业者。而在民间信仰活动中，民众直接参与，信仰者与信仰对象直接对话，无须专职人员介入。且民间信仰一般都有社会约定的时间、相对固定的活动场所，迷信活动则无固定时间、地点，由迷信职业者随意聚散。第四，行为结果不同。民间信仰是公民个人自由选择的私事，正常的

① 牟钟鉴，对中国民间宗教要有一个新的认识［N］．中国民族报，2008.11.11。

活动对个人和社会一般不构成现实的直接危害。而“迷信”活动则是迷信职业者以看风水、算命为借口，骗取钱财、伤害人身，甚至危害社会秩序。

3.2.2.3 民间信仰与宗教的关系

从世界观意义上讲，民间信仰无疑也属于马克思主义经典作家所说的那种“颠倒的世界观”，是“支配着人们日常生活的外部力量在人们头脑中的幻想的反映”,① 自然应纳入宗教的范畴。但就其组织形态而言，民间信仰又与制度化的宗教有明显区别。按照学术界普遍认同的宗教学家吕大吉在《宗教学通论》（中国社会科学出版社1989版）中提出的“宗教四要素说”（即宗教观念、宗教体验、宗教行为、宗教体制），具有组织松散特性的民间信仰应被排除在宗教之外。因此，民间信仰与宗教关系密不可分，民间信仰和宗教的不同是由民间信仰的组织结构的松散性决定的。

近年来，越来越多的学者倾向于将民间信仰归纳为一种宗教体系。因为民间信仰在其看似分散的表象背后隐藏着自己的秩序与规则，民间信仰弥漫在中国社会，渗透进世俗制度中，虽其观念、仪式和结构实践因地而异，但是每一项具体的仪式行为，却都高度组织化。对于这一点，日本学者渡边欣雄的论述非常深刻。他指出，中国的民间信仰虽然没有教祖、教理、教典、教义，但“它有赖以形成的母体组织，其组织不是具有单一的宗教目的的团体，而是以家庭、宗族、亲族和地域社会等既存的生活组织为母体才形成”；它也有信徒认同并长期维持的信条，“其信条根据生活禁忌、传说、神话等上述共同体所共有的规范、观念而形成并得到维持”,② 因此也是一种宗教。我国学者金泽在其《民间信仰的聚散现象初探》中也认为，民间信仰在组织形态上具有原生性宗教的基本特点，而且是和民族

---

① ［德］马克思，黑格尔法哲学批判导言，马克思恩格斯选集第一卷［M］．北京：人民出版社，1995，第1页；［德］恩格斯，中共中央编译局译，反杜林论［M］．北京：人民出版社，1970，第38页。

② ［日］渡边欣雄著，周星译，汉族的民俗宗教：社会人类学的研究［M］．天津人民出版社，1998，第18页。

部落宗教或民族——国家宗教的运作机制相似，即不像创生性宗教那样独立于社会组织之外的教会或教团，而是与既有的社会组织二位一体。他同时指出，民间信仰之“散”和“聚”的演变路径是：“散”是指民间信仰宗教性的淡化，退而成为民俗；“聚”则是指民间信仰聚合成特定的宗教组织，进而成为有创教者、有教主和经典、有组织系统的宗教。金泽还在他的另一篇文章《民间信仰——文化再生产——社会控制》（宗教人类学第一辑，民族出版社 2009 版）中提出，不赞同将制度化宗教与非制度化宗教简单地对立起来，而应视为一个从 0 到 1 的频谱，其上的每一个点看作组织形式多样性的表现。渡边欣雄和金泽的论点，不仅为我们从宗教的视角来研究民间信仰提供了理论基础，而且也为正确认识和评估民间信仰的社会功能提供了有益启示。

3.2.2.4 学术概念上的民间信仰与现实生活中民间信仰的关系

民间信仰概念在学术研究和具体现实生活中存在一定的差别。学术意义上的民间信仰概念，既包括思想观念、文化传统、民众精神生活等内在层面，也包括内容庞杂的信仰形式、广泛存在的活动场所等外在组织结构，是一个涵盖了有形因素和无形因素全部的整体泛称概念。而现实生活和实践意义上的民间信仰一般仅指有组织载体、有活动场所等外在结构体系的民间信仰形态。在本课题的研究中，涉及对民间信仰总体的研究时，都用“民间信仰”这个泛称；而在涉及民间信仰管理等实务内容时，则用“民间信仰活动”一词略加区别。

3.3 民间信仰的本质及特性

3.3.1 民间信仰的本质

正如本书前文的分析，检验民间信仰的性质，首先取决于民间信仰现象中的崇拜。从远古时代一直发展到现代依然存活着的民间信仰，其最基本的信仰形式是：多民族的“万灵崇拜”和“多神崇拜”。这种崇拜的发生，主要源于人类生活对于超人的神秘力量的依赖。依据马克思主义关于宗教的观点，“宗教是那些还没有获得自己或是再度丧失了自己的人的自我意识和自我感觉”，[①] 一切宗教都不过是支配着人们日常生活的外部力量在人们头脑中的幻想的反映，在这种反映中，人间的力量采取了超人间的力量的形式。从民间信仰的源起、对超自然神灵的敬拜和超自然力量的推崇，无疑也是因为民众感到不能掌握自己的命运，从而幻化出某种外部力量作为命运的依托和精神归宿。正是因为这种信仰属性，决定了民间信仰的本质特征是宗教性。

认识民间信仰的宗教本质，还应从宗教的本质来理解。人们不把民间信仰视为宗教，往往是囿于对宗教的狭隘理解。在对宗教的理解上，本文赞成与马克斯·韦伯齐名的法国社会学家涂尔干的定义：“宗教是一种既与众不同又不可冒犯的与神圣事物有关的信仰和仪轨所组成的统一体系，这些信仰和仪轨将所有信奉他们的人结合在一个被称之为‘教会’的道德共同体之内。”[②] 按照涂尔干的定义，宗教的本质就在于把世界区分为神圣事物和凡俗事物。神圣性是宗教的根本属性。显然，民间信仰也是将世界区分为神圣事物与凡俗事物的，从神圣性角度看，民间信仰毫无疑问就是宗教。

尽管民间信仰实质上是一种宗教，但它与制度化的宗教又有明显区别：它不是以彼岸世界的幸福而是以现实利益为基本诉求；它有祭祀仪式、活动场所、禁忌等元素，但又没有完备的教义、教规、戒律、教阶制度、教团组织等一般宗教的外在特征。从意识形态上看，它是非官方的文化；从文化形态上看，它重在实践，较少利用文本而以地方方言形式传承；从社会力量上看，它受社会中的底层多数特别是农民支撑并与社会的民间生活密不可分。总之，民间信仰既带有宗教特征，又兼具民俗特色，因而构成了它不同于一

---

① ［德］马克思，黑格尔法哲学批判导言，马克思恩格斯选集第一卷［M］．北京：人民出版社，1995，第1页。

② ［法］涂尔干，渠东、汲哲译，宗教生活的基本形式［M］．上海人民出版社，1999，第47、54页。

般制度化宗教的特性。

3.3.2 民间信仰的特性

（1）神灵体系的多元性、包容性。体现为三个相互并联的方面：一是无论什么都可以成为神。天上的日月星辰、风雨雷电可以成为神，所有的动物、植物，甚至是日常所用的器具，如箩筐、扁担、扫帚，都可以成为崇拜的对象。作者在邢台农村调查就发现了这些现象。二是无论什么神都可以崇信。不管是自然诸神、自己的祖先、历史人物或虚拟人物，性善的或丑恶的，本土的道教、外来的佛教，都可以崇信，都可以将它们同置一室进行敬拜。三是无论什么神都可以"灵验"。在信徒看来，"唯灵是信"，神灵越多就可以得到越多的保佑，因此，只要有神灵就烧香，能够赐福辟邪就叩头。此外，信众往往还会依据自己的主观感受和他人传说的某庙堂某神灵的"灵验"程度，对崇拜对象进行选择和更换。可以预见，在社会转型期，随着人员流动，这种多元化的特性还将进一步强化。

（2）信众群体的大众性、底层性。民间信仰是一种俗文化，从来未成为社会主流。按照美国人类学家雷德斐尔德将文化区分为"大传统"和"小传统"的理论，[①] 民间信仰属于"小传统"。这种"大"和"小"的区分，不单是在数量占有和空间分布上的考量，它更多地具有社会分层的意义："大传统"位于社会的上层，是社会精英及其所掌握的以文字为载体的文化传统，为思想家、宗教家深入思考并加以阐示；"小传统"则位于社会的下层，基本信众为一般民众。从历史上看，长期以来，民间信仰的信众广泛分布于中国的乡村，绝大部分都是农民，故又被称为"农民的信仰"。今天，民间信仰的信众构成显然发生了一些变化，其参与者已经涵盖社会各阶层、各职业群体、各年龄层次。从作者在邢台市21个县市区的田野调查看，农民、妇女、年长者、文化层次偏低者依然是民间信仰信众群体

---

① ［美］雷德菲尔德著，王莹译，农民社会与文化［M］．北京：中国社会科学出版社，2013，第5页。

的主要特征和主体。而不容忽视的是，尽管它是草根阶层的信仰，但信众人数却最为广大。同时，又由于它是在民众中自发产生、自然传承的信仰活动，更具有社会无意识的群体性。

（3）仪式活动的世俗性。民俗离不开民间信仰，民间信仰的维系也离不开民俗。民间信仰的沿袭，民俗是其最基本的承载和表现形式。民间信仰没有制度化宗教那样严整、系统的仪式，大量的信仰活动主要表现为一般的生活习俗，即便是一些信仰仪式也都与日常生活密切混合，逐步扩散为日常生活的一部分，日趋民俗化。几乎民俗文化的所有特征和功能也都是民间信仰的反映，比如历史性、民族性、地域性、群体性、规约性、礼仪性、可传承与可变异性，等等。因此，民间信仰经常与民俗活动结合在一起，常常分不清哪些是民间信仰，哪些是民俗活动。我们在邢台市的田野调查和问卷调查都非常突出地印证了这一点。民间信仰的这种世俗性，使得它具有很强的社会普适性、渗透性、顽固性，也正是它绵延不绝、世代传承的重要原因。

（4）信仰场所的混杂性。日常所见的庙宇宫观及祠堂是民间信仰的主要场所，也是民间信仰群体性活动的主阵地。但就民间信仰庞杂的内容和形式而言，其对应的场所却十分纷繁复杂。在邢台田野调查中，民间信仰的场所，有的就在一棵树下、一块石头旁、一个水源地头、一眼井台边，有的是在农民家里的灶头、墙脚跟，还有的是在村头路口、河边桥墩处。在现实生活中，所有可能幻化出某种神秘性的地方都可能成为人们进行民间信仰的场所。比如，大多数的民营企业、公司、店铺和家庭都设有神龛供奉不同的神灵，重要的纪念日都要烧香膜拜；许多人都在家里设祖先牌位和图像祭祀；许多商业场所都设立神龛、供奉财神且日夜香火不绝；人们在汽车上会悬挂观音及伟人挂件或摆放弥勒等小型塑像以祈求出行平安；在各种手工业作坊大都会摆放祖师神位和神像以示敬重并加以祭祀；等等。

（5）信仰动机的功利性。“无事不登三宝殿”，是民众选择民间信仰的普遍心态。百姓信仰某种民间信仰往往不是出于精神或灵魂的解脱，也不是解决人生的终极关怀，而是出于实用功利性的现实利益诉求。正如社会学家费孝通所指出的："我们中国人对鬼神也很实际，供奉他们为的是风调雨顺，为的是免灾逃祸。我们的祭祀很有点像请客、疏通、贿赂。我们的祈祷是许愿、哀乞。鬼神在我们是权力，不是理想；是财源，不是公道。"① 民间信仰的功利性，还表现为人们对神灵的急功近利态度，"平时不烧香，临时抱佛脚"的俗语正是这种现象的真实写照。遇到实际生活中希望解决的问题，信众便会根据自身的"经验"判断和实际需要，选择不同的神灵加以祭拜，许下心愿。许愿一旦得到满足，便会再去"还愿"，以酬谢神灵。如果日后灵验，还会再次酬谢。这种"请愿"、"还愿"的祭祀活动，对普通民众很有吸引力。人际关系中投桃报李的利益关系在民间信仰中得到了充分体现。

（6）组织形态的非制度性。组织形态的非完整性和不系统性是民间信仰与制度化宗教最明显的区别。目前，遍布全国各地乡村的、几乎所有的民间信仰仪式和活动，都不是在《宗教事务条例》中规定的宗教活动场所中进行的"正常的宗教活动"。大多数民间信仰组织虽有一些特定或约定俗成的关系结构，一些地区也形成了一些不成文的行为准则和规范，但总体来看极不稳定，多数还是靠村落社区中年长者个人的威望和热心来维系，不受正式组织的管理层级等的限制，其内部结构处于一种难以界定的边缘状态。民间信仰的仪式、祭典及其他各项活动，也多是民间自发的，多数未经政府有关部门批准。草根性的民间信仰组织对信众没有什么约束力可言，信众是否参与，以何种形式、何时参与信仰活动，完全取决于信众自我感知到的需要和传统的习惯，而绝非制度性的力量和组织层面的安排。我们在邢台市的田野调查中发现，在一些影响范围仅限于村落内部的村庙神灵崇拜仪式等群体性活动中，几乎看不到所谓的"组织"，也分不清谁是负责人，但整个活动却是井然有序，按照村民的说法，"人人都是负责人"，信众们有钱的出钱，有力的出力，有粮的出粮，有主意的出主意，各显其能，各添其力，热情投入，自发协作，不计较日

① 费孝通，美国与美国人［M］．上海三联书店，1985，第110页。

常隔阂，不分男女老少，为的是一个共同的目的——敬神，活动也就这样年复一年地开展下去了。这种自发性，伴随着很强的群众性、扩散性，同时也有很强的集体无意识的组织性。

第4章 民间信仰的社会治理定性分析

社会治理是公共管理现代化的发展趋势，是我国发展社会主义市场经济条件下社会管理机制创新的必然选择。社会治理的核心是多元治理、共建共享。转型期信仰体系的重建，需要全社会共同发力。民间信仰作为民间的、草根的社会信仰，带有中国传统的“社”与“会”特点，反映着现实社会的关系结构，与社会治理天然契合。这种契合性或者说民间信仰存在于社会治理的基本使命，就是民间信仰的价值体系建构、社会伦理规范建构、社会体系建构、民间信仰型社会组织建构。

4.1 社会治理理论框架分析

4.1.1 社会治理的基本内涵

二十世纪八十年代以来，经济全球化、世界一体化、科技信息化浪潮汹涌，处于不同发展阶段的社会被纳入同一交流碰撞框架之中，人类社会出现重大变革。这一变革同样给各国的公共管理带来空前的挑战。与此同时，“西方国家由于福利国家的过度发展，政府日益陷入财政危机、信任危机和权威危机三重危机并发的境地。为了回应现实的困境与时代的变迁，西方发达国家不约而同地开展了一场声势浩大的公共行政体制改革，这就是以社会治理理论为指导，从理念和实践上对官僚制的公共管理进行扬弃。”①

所谓社会治理，就是政府、社会组织、企事业单位、社区以及个人等诸行为者，通过平等的合作型伙伴关系，依法对社会事务、社会组织和社会生活进行规范和管理，最终实现公共利益最大化的过程。

虽然社会治理与过去的社会管理只有一字之差，但在内涵上有着根本区别：

第一，在治理主体上，社会治理强调多元共治，社会组织、企事业单位、社区组织等同样都对社会拥有合法的管理权力，任何一个单一主体都不能垄断规范和管理的实践过程；而社会管理尽管也包括政府作为主体的管理行为和公民社会组织作为主体的管理行为两个主要方面内容，但社会管理侧重于政府对社会进行管控，政府是社会管理合法权力的主要来源。

第二，在治理方式上，社会治理强调多元主体之间平等的协商式管理，把有效的管理看作是各主体之间的合作过程，它表明在现代社会原先由国家和政府承担的责任正在越来越多地由各种社会组织、私人部门和公民志愿团体来承担；而社会管理往往是命令式管理，表现为政府凌驾于社会之上，习惯于对社会进行命令和控制，既当“选手”又当“裁判”。

第三，在治理政策上，社会治理强调社会政治参与的公共决策，鼓励社会治理参与者自主表达、协商对话，并达成共识，从而形成符合整体利益的公共政策；而社会管理更多地表现为政府从自身主观意愿制定政策，想当然地自上而下为民做主。

第四，在治理途径上，社会治理强调依法治理，除了行政权力手段外，更多地采取法律的、市场的、文化的、习俗的等多种治理方法和技术，政府的定位是更多的引导和更少的管制，民间组织及公民社会则更多地承担社会治理的责任，市场力量在社会治理创新中发挥日益重要的作用，社会创新和社会企业成为改善社会治理的重要因

① 孙宽屏、滕世华，全球化与全球治理［M］．长沙：湖南人民出版社，2003，第36页。

素；而社会管理则主要依靠政府凭行政权力发号施令来实行。

4.1.2 社会治理与政府统治的区别

尽管社会治理与政府统治的目标一致，都是为了有效进行社会管理，维持正常社会秩序，使社会不断发展进步。但二者无论在管理理念上还是管理方法上都有很大差别：

首先，权威基础不同。统治的权威必定是政府，统治以政府为本位构建单一化的权威统治中心，主要采用具有强制性的行政法律手段，以实现对社会的强力控制。“治理与统治不同，指的是一种由共同目标支持的活动，这些管理活动的主体未必是政府，也无须依靠国家的强制力量来实现。”[①] 治理之所以有权威，是因为共同目标的存在，是因为各种机构之间的自愿平等合作，是因为公民的共识和认同。

其次，主体范围不同。统治的主体必定是社会的公共机构，实质主体就是政府，因为公共权力中心的唯一性被默认为是统治时代一个不可更迭的原则。而治理的主体既可以是公共机构，也可以是私人机构，还可以是公共机构和私人机构的合作，只要得到社会公众的认可，都可以成为公共权力的中心。治理模糊了公共领域与私人领域的明确界限，更加强调国家与社会的依赖关系。政府的作用随着从“无限政府”时代进入到“有限政府”时代正明显缩小，同时多元社会力量参与使得公共事务的多元化治理成为一种趋势。

最后，管理机制和权力运行向度不同。在组织结构上，统治依赖的是官僚制的科层组织，而治理依赖的是平行发展、互动的多样化社会网络组织。政府统治的权力运行方向总是自上而下，它运用政府的政治权威，主要通过行政命令对社会公共事务实行单一向度的管理。治理则是一个上下互动的管理过程，主要通过合作、协商、伙伴关系、确立认同和共同的目标等方式实施对公共事务的管理。治理所拥

---

① ［美］罗西瑙著，张胜军、刘晓林等译，没有政府的治理——世界政治中的秩序与变革［M］．南昌：江西人民出版社，2001，第5页。

有的管理机制主要不是依靠政府的权威，而是合作网络的权威，其权力向度是多元的、互相的。治理的实质，在于建立在市场原则、公共利益和认同之上的合作。

4.1.3 社会治理追求的目标是实现善治

社会治理的价值所在就是实现社会善治。善治就是使公共利益最大化的社会管理过程。我国社会治理学家俞可平在综合各家关于善治的观点后，提出了善治的10个基本要素[①]：（1）合法，即政治秩序和公共权威被自觉认可和服从的性质和状态。善治要求有关的管理机构和管理者最大限度地协调各种公民之间以及公民与政府之间的利益矛盾，以便使公共管理活动取得公民最大限度的同意和认可。（2）法治，即法律是公共政治管理的最高准则，在法律面前人人平等。没有健全的法制，没有对法律的充分尊重，没有建立在法律之上的社会程序，就没有善治。（3）透明，即政务公开和基本政治信息的透明，以便公民能够有效地参与公共决策过程，并且对公共管理过程实施有效监督。（4）责任，指的是社会管理者应当对自己的行为担负基本的公共责任。没有履行或不适当地履行应当履行的职能和义务，就是失职。（5）回应，即公共管理人员和管理机构对公民的要求做出及时的和负责的反应。还应定期、主动地向公民征询意见、解释政策和回答问题。（6）有效，一是管理机构设置合理、程序科学、活动灵活，二是最大限度地降低管理成本。（7）参与，即公民的政治参与，也包括公民对其他社会生活的参与。（8）稳定，意味着国家和平、公民团结、生活有序、社会安全、公共政策连贯等。（9）廉洁，主要指政府和公共管理机构奉公守法，不以权谋私。（10）公正，不同性别、阶层、种族、信仰的公民在政治、经济等权利上的平等。

善治的本质特征就在于：它是政府与公民对社会公共生活的共

① 俞可平，治理与善治［M］．北京：社会科学文献出版社，2009，第3～10页；俞可平，10大善治要素是通往幸福之路［N］．21世纪经济报道，2011.1.3。

同管理，是政治国家与公民社会的一种新颖关系，是两者关系的最佳状态。善治实际上是国家的权力向社会回归，善治的过程就是还政于民的过程。它意味着公民与政府有更多的合作，意味着有更多的公民参与到国家社会管理中来；同时，政府从更多的管理领域退出，让民间组织或公民自己管理。这也会最大限度增加政府与公民之间的信任与合作，增大社会的凝聚度。没有公民的积极参与和合作，至多只有善政，而不会有善治。从这个意义上说，善治的基础在于民间社会。"更少的统治，更多的治理"已成为时代的潮流，不断从统治走向治理，实现公共管理向社会治理转变，是民主政治发展的要求，也是国家治理能力提升的体现。

4.2 社会治理与转型期和谐社会的信仰体系构建

4.2.1 社会治理对和谐社会的构建充分而又必要

从政治学的角度看，和谐的社会就是善治的社会。社会和谐是社会治理的目标追求，合理、有效、科学的社会治理是构建和谐社会的基本手段，只有把和谐社会内含的科学高效的治理理念融入到实际运行的社会治理模式之中，和谐社会的建设才能得到顺利推进。"构建社会主义和谐社会目标的提出，预示着我国社会治理由传统模式向科学高效的现代模式转化的必然取向"。[①] 与统治型社会管理相比，社会治理更适合于多样性与互动性很强的快速转型期和谐社会的构建。

（1）社会治理有利于提供优质的公共物品和服务，更好地解决公共问题。社会治理就是各种社会治理主体在协作的基础上彼此拾遗补缺，形成互相补充、共同治理的格局。一方面，以市场为主导对社会资源进行公正、合理、高效的配置，增加了资源运用的透明度和合理性，降低了成本，提高了服务质量，使公民选择的机会更多，从

① 向波，和谐社会视域中的我国社会治理创新［J］. 探索，2005（6），第93～96页。

而可以解决政策资金不足、智慧不足、管理能力不足等问题，有效地将民间资源整合到国家发展之中。另一方面，公共服务的竞争，可以对政府及政府工作人员造成压力，促进他们改进绩效，提供更优质的公共服务。

（2）社会治理有利于提高公民对政府权威的合法性认同，促进社会动态稳定。和谐社会首先是一个稳定的社会。现代的稳定，需要公众认可的代表公共利益的权威和维护公众利益的秩序。在当前利益多元化的社会，必须构建一个多元参与的治理结构来满足社会需求的多样性，以达到实现最广泛意义上的公共利益的目的。社会治理通过建立均衡的政治结构，拓宽不同利益群体的政治参与渠道，使其政治愿望、经济诉求、社会权益都能通过合法的渠道输入政治系统，可以提高政府协调各种利益矛盾的能力和效率，保证实现公共利益最大化基础上的广泛共识，这自然成为促进社会稳定的有效途径。

（3）社会治理有利于协调利益关系，实现社会公平正义。社会公正就是社会的政治、经济等各种利益在全体社会成员中合理而均衡的分配，是社会和谐的基础。社会治理实质就是社会多元主体共同参与对社会资源的分配与协调利益的一种民主政治过程。特别是，社会治理强调公民社会的作用，支持社会组织等进入公共事务领域，与政府分担责任，可以有效地“医治”与市场经济相伴生的市场失灵、政府失灵“综合征”，通过自身多样性服务和供给优势，与政府形成互补关系，调节社会成员的收入差距，减少贫富不均，救助社会弱势群体，创造平等机会，实现社会公平正义。

（4）社会治理有利于促成不同利益主体间的相互认同，实现社会协调发展。社会和谐的深层基础在于全社会成员之间拥有一种普遍的认同，人与人之间有一种相互信任的纽带。政府与公民之间的冲突、人与人之间的不睦，说到底是因为缺乏相互信任。面对社会日益多元化、生活日益多样化，社会治理具有政治参与的广泛性和包容性，在追求公共利益最大化的前提下，允许不同利益主体充分表达意见，通过讨论平等协调机制的作用，在公平的基础上，达成最广泛的共识。社会治理过程体现的协商合作价值理念，有利于实现社会不同利益主体间的相互认同，最广泛、最充分地调动一切积极因素，实现社会的真正和谐。

（5）社会治理有利于重构公共伦理。在社会转型过程中，由于城乡社会流动的加速，人们公共生活领域的拓展，熟人社会转向陌生人社会，一次性交往的“匿名效应”使得传统的乡土社会和“单位制”下的伦理状况、道德监督的评价机制面临困境，而这些问题都成为构建和谐社会的“绊脚石”。社会治理通过公共事务管理权利的分享、责任义务的分担，能够畅通不同群体、社会组织的利益表达渠道，引导人们遵守社会公共生活的有效性规则，因此有利于在塑造社会主义核心价值观中重构公共伦理。

4.2.2 社会治理与信仰重建构成共生互补的联动关系

信仰是人类的终极价值理念和社会生活理想，反映社会的价值取向和社会精神状况。在现代社会治理理论的视域里，信仰是一种“社会资本”。按照普特南的定义，社会资本“是指社会组织的特征，诸如信任、规范以及网络，它们能够通过促进合作行为来提高社会的效率”①。社会资本可作三个方面的理解：“首先，社会资本主要是由公民的信任、互惠和合作有关的一系列态度和价值观构成的，其关键是使人们倾向于合作、去信任、去理解、去同情的主观的世界观所具有的特征；其次，社会资本的主要特征体现在那些将朋友、家庭、社区、工作以及私生活联系起来的人格网络；第三，社会资本是社会结构和社会关系的一种特性，它有助于推动社会行动和搞定事情。”②社会资本更具有公共产品性质，不仅是一个社会的制度的加总，更是社会的黏合剂。因此，社会治理要以社会资本为前提，同时，社会治理又有助于社会资本的形成和发展。于是，作为特殊的社会资本，信仰与社会治理之间生成了一种共生和互补的联动关系。

---

① ［美］普特南著，王列、赖海榕译，使民主运转起来［M］．南昌：江西人民出版社，2001，第195页。

② 李惠斌、杨雪冬，社会资本和社会发展［M］．北京：社会科学文献出版社，2000，第6页。

（1）信仰是社会治理中不可或缺的部分，构成社会治理的价值基础。信仰作为个体的精神世界，首先构成社会的主体基因，同时在社会交往活动中主体基于一定的生存环境和认同程度而产生公共精神，即普遍接受同一种信仰，又形成了社会信仰。“社会信仰是一种社会生活方式的象征性表达，有什么样的社会信仰就有什么样的社会资本，社会信仰是社会的灵魂。”① 建立在不同基础上的社会信仰会产生不同的社会资本：建立在政治权威基础上的社会信仰，就会产生一种人治的思想基础；建立在科学基础上的信仰，就会崇尚真理，理性地看待分析事物；建立在宗教基础上的信仰，就会在内心产生终极关怀式的自我内省机制和约束。现代社会治理，需要把社会成员共同的精神需要纳入确信的“神圣”领域，使社会成员有意无意中遵守各种特定角色的权利、义务，从而形成社会治理的价值基础。

社会信仰是社会资本发展的一项重要标准，是社会信任机制的一种支持性资源。它可以使社会主体之间增加信任度，弥补陌生人之间交往渠道堵塞的不足，进而结成良性人际关系网络，在多元主体之间降低协调与合作的成本，增加社会生产能力。政府政策的社会基础就是社会公众对政策的支持程度，也就是政策的合法性程度。如果政府和社会之间具有良好的社会资本如信任、关系网络等，会有助于社会产生对政府的长远预期，由此加大社会对政府政策的支持力度。一个具有社会信仰的社会比一个没有信仰的社会更有效率，公共政策更能反映公共意志，更能取得合法性认同，从而更有效、更准确，政策过程也更趋于科学化、民主化。而这也恰恰是一个善治过程，即政府与社会之间的友好合作，公民的自愿合作和对权威的自觉认同。

（2）社会治理推动社会信仰的发展，促进信仰体系的重建。一个社会不能没有信仰。信仰体系重建是社会转型成败的关键，也是社会治理的重中之重。社会信仰体系，包括政治信仰、国家信仰、民族信仰、道德信仰、文化信仰、宗教信仰、民间信仰等。按照辩证唯物

---

① 李兰芬、李西杰，社会信仰：社会资本的权威内核［J］．人文杂志，2003（3），第131～136页。

史观的基本原理，合理的社会信仰应该是一种对诸种信仰形态具有兼容性和超越性的精神共同体。毫无疑问，当代中国社会已经从单纯的政治信仰，走向了多元信仰的选择空间。伴随市场经济条件下的社会价值多元化取向，信仰交往活动剧增，特别是宗教间的交流不断扩大，常常导致人们在认识上难以达成共识，在情感上难以产生共鸣，不可避免地增加了社会交往成本。从国家治理的角度看，信仰的多元化并不用担心，需要担心的问题是，不同的信仰在面对同一个公共问题时，能否彼此尊重、交流、认同，同心同向。社会治理的理念，给出了解决问题的途径。多元的社会治理，提供了一个公共信仰与个性信仰共存发展的内在空间。我们可以把国家信仰和政治信仰做成核心信仰，把宗教和民间的信仰做成社会一般信仰。社会治理在实行多元主体对社会进行管理过程中，可以对现在社会的信仰机制、规范体系、交往网络、公共精神空间等社会信仰因素进行规范，对在深层次反映人类行为的终极价值信仰系统的缺失和乏力进行整合。面对社会传统信仰与日益发展的社会现实状况之间的冲突，社会治理不仅可以找回传统社会信仰资源失去的对人们知行的规范，而且还能使现代社会的信仰系统重新确立，进而对社会信仰发展产生积极的作用。

此外，社会治理的主体是人，社会治理本身也是一种理念，一种精神活动，一种能够为主体构建一种主观的权威合理性和价值认同的行为价值判断标准。但它绝不局限于单纯的精神活动，总是通过主体行为去实践其“真理”，它具有强烈的实践性，产生并作用于社会主体的活动中，存在于主体的精神世界中，体现在信仰主体的行为中。在社会治理中信仰对治理的主体“人”构成了影响，而信仰在发展中对社会治理又起到积极作用。因此，社会治理的实践活动，也引导形成着与现代社会相适应的信仰方式。

4.3 民间信仰与社会治理的契合性及作用机理

4.3.1 民间信仰与社会治理天然契合

民间信仰与其他信仰形态不同，具有中国传统的“社”与“会”的精神构建的独特结构，使其与社会治理天然契合。这种契合性，存在于民间信仰的价值体系建构、社会伦理规范建构、社会体系建构、民间信仰型社会组织建构之中。

民间信仰没有独立于世俗社会之外的组织结构，它深深嵌入社会结构，实际上是人与人、人与神的一种关系结构，是现实社会的象征，反映着公民社会的信仰建构。现代社会管理正在从社会控制向社会治理转变，民间信仰这种结构构成，使其在社会建构中的作用与社会治理的方向高度一致。民间信仰的多神性、多样性，体现了中国文明“有容乃大”的特点，与社会治理的多元性是直通的价值路径。中国民间信仰中对人特别是祖先的崇拜，在世界信仰之林中是独一无二的，这与现代治理理念中的“以人为本”一脉相通，从人性为善的价值判断到管理行为中主张以人为本，显然是从起点到落点的符合逻辑的自然演绎过程。民间信仰提倡“家国一体”的社会结构，以“天地君亲师”为核心信仰，这对于社会治理的导向是对管理主体的激励和关怀，使管理主体能够激发出管理的智慧和能力。民间信仰没有“坚硬”的组织外壳，处于社会底层，是社会的草根力量，正是由于民间信仰的这种草根性、松散性，使得它在民间基层有很强的亲和力、黏合力，能够使社会的不同个人、群体，形成一个具有认同意识的共同体，同时又将传统文化根植于社会不同等级、团体、家族、行业之中，促使团体内部成员以及不同团体之间的和谐和睦，这与社会治理强调最广泛的社会参与治理模式高度契合。总之，民间信仰在结构上，与社会治理具有高度的一致性、契合性，并作为社会治理主体，发挥着独特的不可替代的正向作用。

4.3.2 民间信仰作为治理主体的社会作用

民间信仰作为一种社会现象，渗透在社会生活各个领域，对社会生活的方方面面都产生着深刻影响。许多学者围绕民间信仰对传统社会、现代社会的功能，进行了多角度的论述。本文不再对民间信仰的功能展开全面论述，只是从社会治理主体的角度，分析其四个方面的社会作用。

（1）社会整合作用。社会是一个匿名的合作体系，在形态上除了社会集团、社会阶层、社会组织等之外，还存在一个看不见体系能够将所有社会集团、组织、阶层、网络紧密地整合或联系到一起，这个体系就是社会价值体系。社会整合的基础是社会成员的价值认同。根据法国社会学家涂尔干的理论，宗教的社会功能就是社会认同和群体凝聚力的资源。[①] 而在中国，能够为不同的社会集团、组织、阶层提供共同的社会价值体系的宗教信仰形态，民间信仰是其一，并且是人数最多、覆盖最广的一种。民间信仰在其漫长的发展演变过程中，由于囊括了包括儒家、佛家、道家在内的中国传统文化的重要组成部分，并将之内敛为以“天地君亲师”为核心的社会共同价值体系，能够将中华传统文化覆盖下的社会各民族、各阶层、各团体整合在一起，使之成为一个拥有共同文化认同和价值话语的社会共同体。并且，民间信仰在中国社会中的存在具有独特性：它既作为一个为不同的社会阶层所共享的价值体系的存在，同时又可以在不同社会阶层的眼里具有不同的解释意义，再加之民间信仰中的祭祀仪式等与民俗节庆融汇在一起，在日常生活中反复强化着群体的文化记忆、社会意识，故而在民间社会共同信仰的象征符号下，不同地方、不同群体，由于共同的感知、共同的想象，以民间信仰为基本凝聚形式，实践着人类社群稳定的社会伦理和交往状态。因此，民间信仰是社会聚合发展的产物，也是社会聚合发展的黏合剂。而且，从社会资本的角

---

① ［法］涂尔干，渠东、汲哲译，宗教生活的基本形式［M］. 上海人民出版社，1999，第76页。

度看，由于民间信仰是以“关系社会”为基础，能够在家族、单位的纵向联系以外，以融合在日常生活当中的、范围更广的一般性社会信仰的横向连接方式把公民联系起来，因而也是一种普遍的、低成本的聚合整合方式。

（2）个人约束作用。约束作用的体现：一是教化。中国传统文化一贯注重“德行教化”，公序良俗在社会生活中历来起着思想和体制维系的重要作用。在民间信仰的各种神明身上，大都体现着人们所尊崇的道德楷模和伦理标准，延续了中华传统文化中“敬天法祖”的精神，“这种神圣化的精神与人格对普通信众会产生较强的引导和教化作用”①。特别是道德方面，建立在民间信仰基础上的道德，要比一般世俗道德具有更加强大的内心约束力。如，民间普遍供奉的“灶王爷”，被民众视为天帝派驻千家万户的“第一监察大神”，专司“上天言好事”等赏善惩恶职能，对世人起着“诸善奉行、诸恶莫作”的警示作用。二是心理疏导减压。民间信仰对民众是一种精神慰藉，甚至成为相当多的人的精神支柱。尽管它是一种非科学的世界观，但客观上的心灵安慰作用不可低估。随着市场化发展，人们的生活方式、思想观念呈现出了多元性、差异性的趋势。面对纷繁复杂的社会事务和瞬息万变的信息资讯，过去共同支撑信心的精神理念的瓦解，以及当前整个社会在道德文化与价值系统方面的虚无主义，给人们的生存与发展带来了许多新的疑虑和困难，这在一定程度上导致了人们心理上以及心灵深处的动荡失衡。而民间信仰作为凝结着中华民族数千年来的文化心理积淀，为处于心灵动荡失衡中的人们提供了精神慰藉，承担了有效缓解社会心理压力的减压功能。

（3）公共服务作用。民间信仰通过政治、道德、宗族等环节，至少对社会提供以下服务：一是服务公共权威认同、维系社会秩序。民间信仰遍布于社会生活的各个方面，对维护社会制度的稳定具有重要贡献。在古代社会，人们利用神灵神化君权，以“君权神授”

① 向柏松，传统民间信仰与现代生活［J］．中南民族大学学报，2003（1），第56~61页。

思想赋予管理者权威，对于匡正政治积弊、改善吏治、缓解社会矛盾、维系社会稳定具有积极作用。[①] 在现代社会，民间信仰强调“举头三尺有神明”、善恶有报，使人产生敬畏之心，不敢放荡不羁、违礼逾制，对维系秩序与和谐亦有显著的作用，成为国家强制性控制的重要补充。二是服务民族精神凝聚、培育良好世风。由上古至现代的千万年间，祖先和祖先崇拜始终是中华民族不可或缺的精神凝聚剂。人们由爱家族，进而爱乡里、爱国家，从而使祖先和祖先崇拜成为所有中国人团结、汇聚的血缘之根。民间信仰还通过将众多符合国家道德标准的人物尊奉为神明，建构社会表彰系统，对宣传社会主流道德观念、引导民众明礼向善，作用也十分明显。三是服务公共事务、增进社会福利。民间信仰参与社会公益和慈善事业，提供各种互助合作和社会网络力量，往往能得到所在地域民众的信赖，在政府触及不到的地方起着有益补充。

（4）经济助推作用。德国著名的经济学家和社会学家马克斯·韦伯在分析了宗教（主要是加尔文、虔信派、卫理公会和浸理派等新教派别）与西方资本主义的生成关系后，曾提出了著名的“韦伯命题”：资本主义发展背后的精神动因是新教伦理。并进而得出结论：市场经济是一种伦理经济。也就是说，市场经济的发展既需要高度的“经济冲动力”作为原动力，同时这一动力又必须被“宗教冲动力”约束在理性的范围内。[②] 从民间信仰的情况看，韦伯命题对于中国的情形也是适用的。民间信仰中具有“工具理性”的传统文化伦理如爱家、勤俭、惜时、节制等，转化为生活信条和工作伦理，都将成为经济发展的精神动力。民间信仰宣导的诚信、道义等价值观，与市场经济规范高度一致。民间信仰的功利主义，使人产生依赖机运、敢于投机的心理取向，可以转化为企业经营的坚强决心和竞争意识。民间信仰作为一种人际关系、社会关系，在组织市场、协调生产

---

① 刘江宁、周留征，社会转型期民间信仰的功用研究［J］．山东社会科学，2011（11），第73～74页。

② ［德］马克斯·韦伯著，康乐、简惠美译，新教伦理与资本主义精神［M］．南宁：广西师范大学出版社，2007，第15～23页。

活动，通过信仰仪式加强信息沟通、增进各阶层之间的交流与凝聚等方面，对经济活动起独特的作用。民间信仰的外部性还决定了它能够降低交易成本。民间信仰还与很多非物质文化遗产有着密不可分的联系，存在着文化产业发展的广阔空间。中国传统宗教文化没有促成中国资本主义的发育，并不能否定其对中国市场经济伦理重建的资源价值。关键在于要从民间信仰深厚庞杂的思想中发掘出有利于市场经济的文化资源，再借鉴西方现代价值伦理成果，融合社会主义的按劳分配、共同富裕、竞争协作等劳动观和财富观，共同实现社会主义市场经济伦理重建。而开放性和融合性也正是民间信仰的基本优势特点。

根据我们2012年在邢台市21个县市区开展的民间信仰普遍田野调查的情况看，除了上述四个方面的社会作用外，目前民间信仰的社会功能还得到有益的延伸：一是宣传时事政策的平台。在很多地方，民间信仰活动场所自然而然地成了民众茶余饭后落脚的地方，于是地方基层组织就顺势而为，将其作为宣传党的时事政策，特别是在农村成为信息宣传阵地，有的地方还把传播农业科学技术也放到了这里，对推进社会主义新农村建设发挥了积极作用。二是弘扬优秀传统文化的载体。诸多民间信仰场所中，有相当一部分是以历史人物立庙的，这些历史人物都是乡贤大德、名人志士，其故事都是非常生动的传统文化教材。近年来，在有关部门的指导下，一些地方民间信仰活动场所纷纷搜集历史题材、整理历史资料，编印成册，广为散发；有的还编成戏剧，每逢重大活动就地演出。这些活动既弘扬了优秀传统文化，又丰富了民众精神文化生活，同时还对当地村民的思想道德、民风民俗起到了潜移默化的作用。三是基层文化娱乐的阵地。农村文娱设施特少，一些有条件的庙宇就为村民开展文化娱乐活动提供方便，这就使民间信仰活动场所承担了村民文体娱乐活动的职能。四是特殊的农贸市场。每逢集市或者庙里搞大型活动，都有不少村民来这里卖农副产品。在一些交通便利而场地较宽的地方，则形成了常年的农贸市场。

4.3.3 民间信仰在社会治理中的作用机理

(1) 民间信仰在社会治理中具有先导性。思想是行动的先导。在逻辑顺序上，信仰先于社会活动而存在。信仰作为人们思想的依据和指导，是人们思想中的"一只看不见的手"，也是人们思想实施过程的"幕后操纵者"，[①] 它渗透在所有的社会活动中，虽然不外在地表现，却直接地规范着人们想什么和不想什么、怎么想和不怎么想、做什么和不做什么、怎么做和不怎么做。因此，信仰的先导性主要体现在对人们思想和行为构成的"强制性"，体现在对社会活动的控制功能。而在社会约束力上，唯一超越科学理性和法律的是信仰，法律和制度的威严远远低于信仰的威严。正如罗斯所说："权力产生的直接原因是威信。具有最高威信的阶级将取得最大的权力，多数人的威信给大众以优势地位，年龄的威信给长辈以优势地位，才能的威信给战争领导者或给特权阶级以优势地位，神圣感情的威信给教士特权阶级以优势地位，神灵启示的威信给先知以优势地位，思想的威信给官员以优势地位。"[②] 信仰控制的突出特征是由于理想内化到个人心理意识深层结构中而带来的自主性。当行为主体的信仰与社会理想一致、社会理想内化为个人信仰的情况下，社会成员个人的内心愿望与国家、民族、社会对他的要求就会达到一致，社会活动就会顺利开展，社会就可以实现低成本的有效治理。在信仰体系之中，宗教信仰最具精神控制力。按照梁漱溟的说法："道德、礼俗、法律皆属后起，初始都蕴孕于宗教之中而不分。是即所以人类文化不能不以宗教开端，并依宗教作中心了。"[③] 民间信仰是生活中的宗教，实际上就是民众在生活中无时无刻不在实践着的自觉的思想和行为规范。这些规范既是自愿的，也是强制的。从民间信仰中的诸多禁忌，我们已经能够看到其中的威慑力量。

---

① 孙正聿，哲学通论［M］. 上海：复旦大学出版社，2005，第104页。

② ［美］罗斯著，秦志勇、毛永政译，社会控制［M］. 北京：华夏出版社，1989，第60页。

③ 梁漱溟，中国文化要义［M］. 上海：学林出版社，1987，第96页。

（2）民间信仰在社会治理中具有基础性。在社会治理过程中，有效价值体系对社会生活的引领是基础。民间信仰正是这种有效的价值体系之一。本文第三章阐述了民间信仰的起源及发展过程，从中不难发现，民间信仰继承了万物有灵和自然崇拜的特性，体现了社会历史发展过程中所出现的各种思想观念和意识形态，反映了社会民间广大民众的精神状况和价值观念，在所有信仰形式中最具代表性、基础性。从信仰对象的角度看，民间信仰的功能，一是为民众构建宇宙秩序和生存的意义，同时为民众的现实生活提供强大的信念动力；二是形成一个具有道德标榜作用的神灵系统，规范和引领着民众的行为。因之，它对社会治理的作用主要是在基础结构层面。一方面，民间信仰对民众不停进行社会教化，民间信仰中的人生观、价值观、伦理观始终影响着民间社会的道德意识、人际交往和风化习惯。另一方面，社会治理主要是围绕人的活动展开的，人的活动贯穿社会治理过程的始末。人是社会治理的核心要素和变量，是治理的主体也是治理的客体。而信仰对于社会治理中的人不仅提供了“宇宙图式”和“精神蓝图”，并且提供了巨大的精神动力、行为模式和价值评判标准。人的信仰决定着人的方向，影响着管理的好坏。民间信仰是受众最大、最广泛的信仰群体，对社会治理举足轻重。从这个意义上讲，民间信仰的发展和作用，也影响着社会治理的水平。

（3）民间信仰在社会治理中具有两面性。前文已经详细论述了民间信仰对社会健康发展的正向功能。在充分认识民间信仰积极因素的同时，还应充分认识民间信仰自身存在的结构缺陷及可能给社会发展带来的负面影响。从民间信仰的结构属性分析，其存在的主要问题：一是容易被别有用心的个人或组织利用。民间信仰组织结构松散，信众素质良莠不齐，管控困难，特别是当前民间信仰活动处于各级政府管理空白地带，容易被别有用心的个人或组织利用，甚或演变成为反动“会道门”或邪教组织，对政治稳定、社会安宁构成威胁。二是容易引发群体性事件。民间信仰体系松散，信众广泛，涉及社会各个阶层、各种职业，信仰内容和方式盲目，活动频繁，聚散方便。而我国正处于社会转型期，特别是加快城镇化进程中，各种社会矛盾大量积聚、显现。民间信仰活动，既成为信众精神宣泄、信仰强化的渠道，也是个人愿望追求、共同利益诉求的汇合地。一旦管理不好，触动燃点，极易引发群体性事件，甚至对社会造成破坏。三是容易产生火灾等公共安全问题。民间信仰内容庞杂，活动场所混杂，祭祀无处不在。特别随着民间信仰从农村向城镇蔓延，许多信众将祭祀活动转移到家中、会所等私下聚会场所，而民间信仰活动又多有烧香焚纸的仪式，有的还要燃放鞭炮，这些必然对消防安全等造成压力。事实上，在大多数地下场所、信众家中，并不具备消防条件，存在严重安全隐患。如果从民间信仰活动的空间、时间、仪式特点等看，若无严格的审查、规范的管理，极易产生火灾等公共安全事故，对人民生命财产构成严重威胁。

第5章 民间信仰的社会网络分析方法定量研究

社会网络分析是对社会问题进行定量分析的方法，它通过分析隐藏在复杂的社会系统表面之下的一定的网络模式，深入探究个体间、微观群体和社会系统的结构关系。常规统计分析处理的都是属性数据，而社会网络分析处理的则是关系数据，是从关系角度出发研究社会结构，从而捕捉由社会结构形成的社会态度和行为。从这个意义上说，社会网络分析不仅是对关系或结构加以分析的一套技术，还是一种思维方式——结构分析思想。民间信仰信众群体是一个特殊的社会网络，其人群具有社区性和人际关系紧密性，与社会网络分析方法具有天然的匹配性。本章运用社会网络分析方法，在对冀南地区民间信仰抽样调查的基础上建立网络模型，对民间信仰群体网络结构进行量化研究，以寻找结点人物、事件和传播渠道，探寻其群体特性及与社会系统的互动关系。

5.1 社会网络分析方法简介

社会网络分析（Social Network Analysis，简称 SNA）是上世纪三十年代至七十年代，由社会学家根据数学、图论等发展起来的定量分析方法：研究由一组行为者（个人或组织）的社会关系所构成的社会网络的结构及其属性。

社会网络由行为者或事件（通称“结点”）之间的联结构成，分为两个模态：（1）行为者与行为者（或事件与事件）之间关系构成的网络称为1－模网络，相应的关系矩阵称之为1－模矩阵。（2）行为者与事件之间关系构成的网络称为2－模网络，相应的关系矩阵称之为2－模矩阵。

社会网络有两大分析要素：（1）关系要素，关注网络中结点之间的联系（即“联结”），通过强度、对称性、规模等来说明其特定的行为和过程。（2）结构要素，关注结点在网络中的位置（即“社会要素占有量”），讨论两个或以上结点之间的关系所折射出来的社会结构。①

联结是社会网络的最基本分析单位。结点之间的联结有“强联结”和“弱联结”，也称“强关系”和“弱关系”。强联结是特征相似性较高的结点之间的联系，这样的结点所拥有的资源往往是相同的。强联结是个体与外界发生联系的基础与出发点，包含着信任、合作与稳定，且较容易传递与获取高质量的、复杂的和隐性的信息。弱联结是特征不同的结点之间的联系，这些结点所拥有的资源有较大的差别。

社会要素占有量是结点所拥有的社会结构资源的一种实力，决定了结点在网络中的地位。在网络中，结点之间不发生直接联系或关系中断的现象叫结构洞。某个结点占有的结构洞越多，则社会要素占有量越高，该结点就越具有获取和保持资源的优势，在网络中就处于中心位置和有利地位。

社会网络分析基本的数学表达方法是图论法和矩阵法，所用工具主要有Ucinet程序及Pajek、Mage、Netdraw等软件。

对两种模态的社会网络，可进行中心性、凝聚性、核心—边缘结构、结构对等性等网络特征分析。根据课题研究需要，本文只做中心性和凝聚性分析。

① 林聚任，社会网络分析：理论方法与应用［M］．北京师范大学出版社，2009，第4页。

5.1.1 中心性分析

中心性是社会网络分析的重点，它刻画的是结点在网络中具有怎样的“权力”或居于怎样的地位。考察结点的中心性有3种量值：点度中心度、中间中心度、接近中心度，在两个模态网络中分别有不同的定义和计算方法。①

除了结点的中心性，还可计算网络的中心势，即网络中点度中心度、中间中心度和接近中心度最高的结点与最低的结点之间的“差距”，它分别反映整个网络的集中趋势、控制程度及各结点的自由程度。

5.1.1.1　1-模网络的中心性分析

(1) 点度中心度。描述某结点在网络中“权力”大小的量。某结点的点度中心度较高，说明该结点能够更多地与其他结点联系。社会网络中，某结点的点度中心度，就是与结点直接相连的结点的数目，用 $C_{AD}(x)$ 表示。

相应的，还有结点的标准点度中心度，它反映结点相对于整个网络的中心性，用 $C'_{RD}(x)$ 表示，这里

$$C'_{RD}(x) = \frac{C_{AD}(x)}{n-1}$$（其中 n 是网络结点总数）

另，还可测量网络的点度中心势，用来描绘网络集中的趋势和程度。网络的点度中心势 C_D，就是网络中点度中心度最高的结点（称为最核心结点）的中心度与其他结点的点度中心度的差值总和，与理论上的最大可能的差值总和之比。因只有当网络为星形网络时才是最大可能的差值总和，且和为 n^2-3n+2，故

$$C_D = \frac{\sum_{i=1}^{n}\left(\max\limits_{1\leqslant i\leqslant n} C_{AD}(x_i) - C_{AD}(x_i)\right)}{n^2-3n+2}$$

(2) 中间中心度。测量的是结点控制其他结点对之间交往的能

① 林聚任，社会网络分析：理论方法与应用［M］. 北京师范大学出版社，2009，第113～114页。

力。某结点有较高的中间中心度，说明有较多的结点对需要通过该结点才能发生联系，即该结点在其他两个结点之间起着“桥梁”作用。

假设在网络中，点对 x 和 z 之间存在 g_{xz} 个捷径，而经过结点 y 连接点对 x 和 z 的捷径数为 $g_{xz}(y)$，将点 y 相对于点对 x 和 z 的中间中心度记为 $b_{xz}(y)$，这里

$$b_{xz}(y) = \frac{g_{xz}(y)}{g_{xz}}$$

则，结点 y 的中间中心度 C_{ABy}，是 y 相对于网络所有点对的中间中心度之和，即 $C_{ABy} = \sum_{x}\sum_{z} b_{xz}(y), x \neq z \neq y$ 且 $x < z$（$x < z$：所有结点按顺序排列，x 排 z 前）

相应的，还有 y 的最大可能中间中心度：

$$C_{\max} = \frac{n^2 - 3n + 2}{2}$$

还有 y 的标准中间中心度，即 y 的中间中心度与最大可能中间中心度的比值：

$$C_{RBy} = \frac{2C_{ABy}}{n^2 - 3n + 2}$$（其取值范围为 0 和 1 之间）

另，还可测量网络中间中心势 C_B，用来刻画网络的控制程度。C_B 是网络中中间中心度最高的结点的中间中心度和其他结点的中间中心度的差值总和，与理论上最大可能差值总和之比。C_B 越大，网络中间中心势越高，说明网络可能分为多个小群且依赖该结点传递关系，该结点处于极其重要的地位。数学式为

$$C_B = \frac{\sum_{i=1}^{n}(\max_{1\leqslant i\leqslant n} C_{AB}(x_i) - C_{AB}(x_i))}{\max\sum_{i=1}^{n}(\max_{1\leqslant i\leqslant n} C_{AB}(x_i) - C_{AD}(x_i))} = \frac{\sum_{i=1}^{n}(\max_{1\leqslant i\leqslant n} C_{AB}(x_i) - C_{AB}(x_i))}{(n-1)^2(n-2)}$$

其中，$x_i(i = 1,2,\cdots,n)$ 为第 i 个结点，n 是网络结点总数。

（3）接近中心度。衡量的是某结点具有不受其他结点控制的能

力。某结点的接近中心度较高，说明它与网络中其他结点之间能够通过较短的路径连接，该结点处于网络核心位置。某结点的接近中心度 C_{APi} ，就是该结点与所有其他结点的捷径之和的倒数，即

$$C_{APi} = \frac{1}{\sum_{j=1}^{n} d_{ij}} \quad （是结点和之间的捷径）$$

相应的，对一个包含 n 个结点的网络，其标准接近中心度 C_{RPi} 定义为

$$C_{RPi} = \frac{n-1}{\sum_{j=1}^{n} d_{ij}} = (n-1)C_{APi}$$

同样，还可测量网络的接近中心势 C_C ，就是网络中接近中心度最高的结点的接近中心度与其他结点的接近中心度的“差距”。网络的接近中心势越高，表明结点的差异性越大，反之，则网络中结点间的差异越小。数学式为

$$C_C = \frac{\sum_{i=1}^{n}(\max_{1\leqslant i\leqslant n} C_{RPi} - C_{RPi})}{\max\sum_{i=1}^{n}(\max_{1\leqslant i\leqslant n} C_{RPi} - C_{RPi})} = \frac{\sum_{i=1}^{n}(\max_{1\leqslant i\leqslant n} C_{RPi} - C_{RPi})}{(n-1)(n-2)}(2n-3)$$

其中，i 表示第 i 个结点，n 是网络结点总数。

5.1.1.2　2－模网络的中心性分析

（1）点度中心度（Degree）。2－模网络中，结点由行为者和事件构成，一个行为者结点的点度中心度是该点所隶属的事件数，一个事件结点的点度中心度是该结点所隶属的行为者数。

相应的，可对点度中心度进行标准化处理：一个行为者结点的标准点度中心度为该结点所隶属的事件数除以事件总数；一个事件结点的标准点度中心度为该结点所隶属的行为者数除以行为者总数。

（2）接近中心度（Closeness）。2－模网络中，任意两个行为者结点都不直接联结，行为者结点仅仅与事件结点相邻。故，一个行为者结点 i 的接近中心度 C_C^{MM}，是该行为者所隶属的事件到其他行为者和事件的捷径的一个函数，即

$$C_C^{NM}(i) = [1 + \frac{\sum_{j=1}^{g+h} \min_k d(k,j)}{g+h-1}]^{-1}$$

其中，g 是行为者结点数，h 是事件结点数，事件结点 k 与行为者结点 i 邻接，$d(k,j)$ 表示事件结点 k 与其他结点（行为者结点或事件结点）j 的捷径。

类似的，一个事件结点的接近中心度 $C_C^{NM}(k)$，也是该事件所含的行为者到其他行为者和事件的最短距离的一个函数，即

$$C_C^{NM}(k) = [1 + \frac{\sum_{i=1}^{g+h} \min_j d(i,j)}{g+h-1}]^{-1}$$

其中，行为者结点 i 与事件结点 k 邻接，$d(i,j)$ 表示行为者结点 i 与其他结点（行为者结点或事件结点）j 的捷径。

（3）中间中心度（Betweenness）。2－模网络中，由于每对行为者之间的联络需通过参与各种事件来完成，故事件总是处于行为者之间的捷径上。同样，事件之间的联络都要通过行为者来完成，行为者也总是处于事件之间的捷径上。

故，一个事件结点 m 的中间中心度 $C_{AB}(m)$ 表达为所有属于该事件的每对行为者“共享资格”的数目。数学式为

$$C_{AB}(m) = \sum_{n_i,n_j \in S(m) n_i \neq n_j} \frac{1}{T(n_i,n_j)}$$

其中，$S(m)$ 为结点 m 相应的事件联结的行为者结点集，$T(n_i,n_j)$ 为行为者 n_i、n_j 共享的事件个数。

类似的，一个行为者结点 n 的中间中心度 $C_{AB}(n)$ 表示为所有属于该行为者的每对事件“共享资格”的数目。数学式为

$$C_{AB}(n) = \sum_{m_i,m_j \in S(n) m_i \neq m_j} \frac{1}{T(m_i,m_j)}$$

其中，$S(n)$ 为结点 n 相应的行为者联结的事件结点集，$T(m_i,m_j)$ 为事件 m_i、m_j 所共享的行为者的个数。

5.1.2 凝聚性分析

凝聚性是考察网络结构的另一个重要性质。若把一个社会网络

的结点分成若干具有共性、互相联系密切的组，每个组也叫一个子群，凝聚性就是指子群内的结点具有相对稳定、直接、紧密联系的性质。

衡量凝聚性用网络的成分（component）表示。一个成分就是指网络中一个最大联通（即任意两个结点均有路径）的子群，就是说当某个子群的联通达到最大时，再想增加任何新的结点而不破坏其关联性都不可能。例如，不能把孤立结点加入到其他已存在的成分中。一个网络，有多少个最大联通的子群，就有多少个成分，也就有多少凝聚子群。一个孤立结点可以是一个成分。整个网络也可以是一个成分。网络各成分及结点，用Ucinet软件可以确定。

凝聚性通常用来分析社会网络中的小团体现象，这在研究组织管理时十分有用。特别需要注意两种网络结构情形：一是网络结构很松散，某个子群却高度凝聚；二是在网络中有许多凝聚的子群。

5.2 民间信仰的社会网络模型

5.2.1 数据采集和建模思路

中国的民间信仰就是一种社会关系网络。费孝通曾指出：中国人及中国人所信奉的神灵，都是一种“关系的存在”。① 民间信仰以神人关系为基础，进而扩展到人伦关系，始终呈现为神人关系与人伦关系的彼此互动。它以神人交往为中心，嵌入了人与人、人与社会的关系结构。因此，用社会网络分析方法研究民间信仰不仅十分契合，而且能从社会治理角度对民间信仰加以诠释。鉴于冀南地区是中华文化和民间信仰的发源区域，民间信仰活动历来盛行，种类繁多，信众广泛，在我国民间信仰中具有典型代表性，故本课题选取冀南区域中心城市邢台市的民间信仰人群建立社会网络分析模型。

数据采集。2013年，组织邢台市统计局和国家统计局邢台农村

① 李向平，中国信仰的实践逻辑［M］．上海世纪出版集团，2011，第4页。

调查队，在邢台市农村进行民间信仰抽样调查。调查对象是16岁以上居民，包括户籍人口、常住人口、流动人口。根据国家规定的农村住户调查样本框和抽样方法，在17个县市各抽取10个村，现场制作户样本框、等距抽样，在每村抽取30个样本，共在170个村选取5100个样本，发出并回收有效调查问卷5100份。被调查者情况：男性3793人，女性1307人，性别比为2.9∶1；已婚4964人，占调查总数97.3%。党政机关干部公务员48人，事业和科研单位66人，农牧渔业者4502人，企业141人，自雇206人，宗教职业1人，无业64人，离退休47人，在校学生11人，其他14人。经济状况：年家庭总收入5000元（不含5000）以下的有707人，占全部被调查者的13.8%；5000~5万元（不含5万）的有4225人，占全部被调查者82.8%；5万~10万元（不含10万）的有133人，占全部被调查者的2.6%；10万元以上36人，占全部被调查者0.8%。（抽样情况见图1）

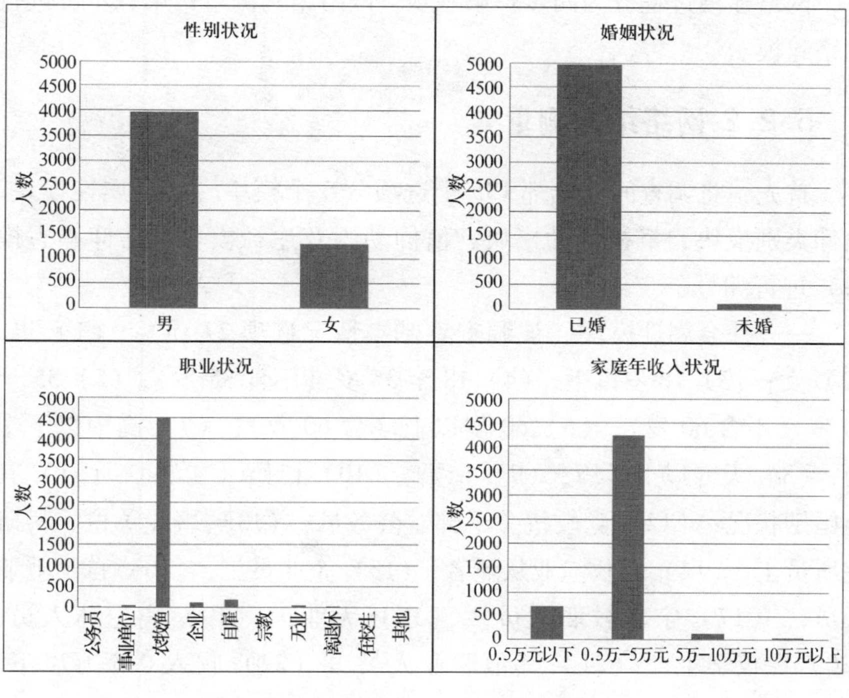

图1 抽样调查人员各类状况

调查内容。分被调查者基本情况、民间信仰情况、活动方式、信仰动因及途径、对民间信仰活动及政府管理的态度意向等 5 个大类 27 个项目，每个项目又含有若干个备选项，可单选或多选，总计有 135 个选项。(调查问卷见附录)

建模思路。把 5100 个被调查者整体作为一个社会网络。考虑到社会治理不仅与民间信仰主体（行为者）有关，也与民间信仰客体（事件）有关；政府不仅要加强对主体的管理，也要管好客体，因此在建立社会网络模型时，把民间信仰的主体和客体均作为网络结点，利用所有调查问卷选项结果建立结点对之间的联系，分别建立两个模态网络，即事件结点之间的联结构成 1 - 模网络，行为者结点与事件结点之间的联结构成 2 - 模网络（问卷中没有涉及行为者之间直接联系的选项，故不能建立行为者之间联结的 1 - 模网络），进而运用数学工具计算网络的中心度和凝聚性，进行定量研究。

网络建模过程分为两步：第一步，网络结构测量；第二步，进行网络建模。

5.2.2 网络结构测量

首先，将调查问卷全部 135 个选项分 5 个模块（社会属性模块、信仰类别模块、祭祀活动模块、信仰动因及途径模块、信仰心态模块）进行编号：

——社会属性模块（被调查者基本情况选项 27 项）：(1) 男，(2) 女；(3) 18 岁以下，(4) 18 至 35 岁（不含 35 岁），(5) 35 至 60 岁（不含 60 岁），(6) 60 岁以上（含 60 岁）；(7) 高中以下学历，(8) 大专以上学历；(9) 未婚，(10) 已婚（初婚），(11) 其他婚姻状况；(12) 党政机关干部、公务员，(13) 事业单位、科研院所员工，(14) 农牧渔业从业者，(15) 企业员工，(16) 自主就业人员，(17) 宗教教职人员，(18) 无业，(19) 离退休人员，(20) 在校学生，(21) 其他职业人员；(22) 收入 0.5 万以下，(23) 收入 0.5 至 1 万元（不含 1 万），(24) 收入 1 万至 2 万元（不含 2 万），(25) 收入 2 万至 5 万元（不含 5 万），(26) 收入 5 万至

10万元（不含10万），(27) 收入在10万元以上（含10万）。

——信仰类别模块（敬拜何种神明选项20项）：(28) 孔子；(29) 天公（玉皇大帝）；(30) 关公（关圣帝君）；(31) 玄天上帝（真武、玄武）；(32) 祖先；(33) 天生老母（无极老母、老娘、明明上帝等）；(34) 三清尊神或道祖（老子）；(35) 泰山奶奶（碧霞元君）、泰山老爷（东岳）；(36) 阿弥陀佛；(37) 文昌帝君或魁星；(38) 弥勒佛；(39) 济公；(40) 财神、灶神；(41) 观音菩萨（慈航道祖）；(42) 土地公（福德正神）、山川神、社公等；(43) 行业神（鲁班、蚕神等）；(44) 动植物神明；(45) 自然神（风神、雨神、龙王、雷公等）；(46) 其他神明；(47) 不敬拜神明。

——祭祀活动模块（祭祀场所、规模、时间等选项24项）：(48) 家中祭拜，(49) 祠堂祭拜，(50) 村庙祭拜，(51) 寺观祭拜，(52) 室外广场祭拜；(53) 通常独自参加祭拜活动，(54) 喜欢结伴参加祭拜活动，(55) 希望参与祭拜的人越多越好，(56) 从不参加祭拜活动；(57) 通常就近参加祭祀活动，(58) 在本县范围内参与祭祀活动，(59) 在本市范围内参与祭拜活动，(60) 跨省参加祭拜活动；(61) 祭拜活动时场面10人以内（不含10），(62) 活动场面10~50人（不含50），(63) 活动场面50~100人（不含100），(64) 活动场面100人以上（含100）；(65) 参与的祭拜活动通常在1天以内，(66) 活动持续1至3天，(67) 活动持续3至7天，(68) 活动持续7天至半月，(69) 活动持续半个月至3个月，(70) 活动持续3个月至1年，(71) 活动持续一年以上。

——信仰动因及途径模块（因何及何种途径参与民间信仰等选项16项）：(72) 为保平安和消灾避邪，(73) 为让家人或自己身体健康，(74) 为事业或者学业顺利，(75) 为将来入天堂或超生，(76) 为修身养性，(77) 为追求真理或提升智慧，(78) 为获得心灵安慰，(79) 为增强家族感情，(80) 其他原因；(81) 自发参与，(82) 跟随亲属参与，(83) 通过朋友介绍参与，(84) 通过信众宣传参与；(85) 愿意充当民间信仰活动组织者，(86) 不愿意充当民间信仰活动组织者，(87) 当不当民间信仰活动组织者无所谓。

——信仰心态模块（对民间信仰有关问题的态度等选项48项）：(88）神明不可冒犯无条件遵从，（89）把神明作为人生参考合理就信，（90）对神明半信半疑，（91）对神明不相信拜一拜也无妨，(92）对神明冒犯也无所谓；（93）可利用民间信仰活动进行公益宣传，（94）可利用民间信仰活动进行商贸活动，（95）可利用民间信仰活动走亲访友，（96）可利用民间信仰活动进行政策宣传，(97）可利用民间信仰活动进行其他活动；（98）对生活现状很满意，(99）对生活现状比较满意，（100）对生活现状不太满意，（101）对生活现状很不满意；（102）对未来的幸福充满希望，（103）对未来的幸福预期一般，（104）对未来的幸福心灰意冷，（105）对未来的幸福无所谓；（106）遇到困难自己想办法解决，（107）遇到困难求助神明，（108）遇到困难求助政府，（109）遇到困难求助其他社会组织或个人；（110）民间信仰与社会精神文明建设相互促进，(111）民间信仰与社会精神文明建设相互排斥，（112）对民间信仰与社会精神文明的关系说不清；（113）占卜、算命等现象属于迷信，(114）占卜、算命等现象不属于迷信，（115）占卜、算命等现象是否属于迷信说不清；（116）民间信仰活动不会引发民事纠纷、治安或刑事案件隐患，（117）民间信仰活动易引发民事纠纷、治安或刑事案件隐患，（118）民间信仰是否会引发民事纠纷、治安或刑事案件说不清；（119）民间信仰影响人际关系；（120）民间信仰影响社会安定；（121）民间信仰疏远家人感情；（122）民间信仰影响工作、学习；（123）民间信仰导致神魂颠倒；（124）民间信仰没有不利影响；（125）民间信仰活动应由政府审批；（126）民间信仰活动不必审批；（127）政府应对民间信仰活动进行培训和财务监管；(128）政府不必对民间信仰活动进行培训和财务监管；（129）民间信仰组织和活动财务应公开透明；（130）民间信仰组织和活动财务不必公开透明；（131）民间信仰组织应合法化；（132）民间信仰组织不必合法化；（133）目前有民间信仰；（134）目前没有民间信仰；(135）目前没有民间信仰但以后会有。

然后，将5100个调查样本的问卷结果数据用Excel表给出，得到问卷情况汇总表（表1）。其中：行记为i，为5100个被调查者随机排列；列记为j，为问卷的135个选项按编号排列。第i个人的答卷情况填在该表格的第i行，相应的各列选项称之为事件（第1列至135列）。若第i个人选择第j项（第j个事件），用1表示，否则用0表示。

表1　问卷情况汇总表

项目 / 人员编号	男	女	18岁以下	……	没有民间信仰	目前没有但以后会有
1	1	0	0	……	1	0
2	1	0	0	……	0	0
⋮	⋮	⋮	⋮	⋮	⋮	⋮
5099	0	1	0	……	0	0
5100	0	1	0	……	0	0

把相应的“人—事件”关系矩阵记为 A，则 A

$$= \begin{pmatrix} 1 & 0 & \cdots & 0 & 1 \\ 1 & 0 & \cdots & 0 & 1 \\ \vdots & \vdots & \vdots & \vdots & \vdots \\ 0 & 1 & \cdots & 1 & 0 \end{pmatrix}_{5100 \times 135}$$

5.2.3 四个网络建模

本课题重点考察“人与民间信仰事件之间的关系”、“135项事件之间的关系”、“有民间信仰者群体人员之间的关系”，故需建立三个网络：一是全部5100人通过事件联结的“人—事件”2-模网络，称之为社会网络Ⅰ；二是所有135个事件之间的“事件—事件”1-模网络，称为社会网络Ⅱ；三是民间信仰的信众群体网络，称为社会网络Ⅲ。此外，考虑到民间信仰的神灵多种多样，特点各异，为剖析研究信众群体的共性特征，根据问卷调查结果，从信众群体中，选取信众人数最多的前三种神灵，对其信众人群分别建立子网深入分析，这三个子网统称为社会网络Ⅳ。

因此，本课题共建立了四个民间信仰社会网络，具体建模过程如下：

（1）社会网络Ⅰ。全部5100人通过事件联结的“人—事件”2-模网络。因表1给出了5100个人与所有事件之间的二维关系，故利用表1和Ucinet软件可得5100个人与135项事件之间的关系矩阵A，相应的关系网络就是社会网络Ⅰ。在该网络中，人和事件都是结点，人与人之间都要通过事件联系，每对事件之间的联络都要通过人来完成。社会网络Ⅰ是一个最基础的网络，分析该网络，可以测度出所有人与民间信仰的关系。

（2）社会网络Ⅱ。所有135个事件之间联结构成的1-模网络。由于事件都是通过人发生联系的，所以，需把社会网络Ⅰ从2-模网络转化为“事件—事件”的1-模网络，即利用矩阵A和Ucinet软件得出矩阵$C_{135\times135}$，简记为C，则$C = A^TA$。C为所有事件结点之间关系构成的关系矩阵，其相应的1-模网络就是社会网络Ⅱ。C是多值矩阵，其第i行相应第i个事件，第j列相应第j个事件。第i行、第j列元素相应第i个事件与第j个事件重叠的人数，也就是第i个事件与第j个事件发生关系的强度，其数值越大表明该两个事件的关系越密切，反之关系疏远。

（3）社会网络Ⅲ。民间信仰的信众群体网络，有“人—事件”和“事件—事件”两个模态。调查显示，5100名被调查者中有3865人有民间信仰，占总数75.78%，这是重点研究对象。对其建立两个模态网络如下：

先用Excel从表1中筛选出3865人的相关数据，得到有民间信仰者的“人—事件”关系矩阵$B_{3865\times135}$，这是2-模网络，也是社会网络Ⅰ的子网。根据调查内容的五个模块可知，$B_{3865\times135}$由五个子群构成：即社会属性矩阵B_1（矩阵B的第1列到第27列）、信仰类别矩阵B_2（矩阵的第28列到第47列）、祭祀活动矩阵B_3（矩阵B的第48列到第71列）、信仰动因及途径矩阵B_4（矩阵B的第72列到第87列）、信仰心态矩阵B_5（矩阵B的第88列到第135列）。通过分析B_1、B_2、B_3、B_4、B_5，即可分析有民间信仰者群体网络$B_{3865\times135}$的结构特性。鉴

于 $B_{3865\times135}$ 为社会网络Ⅰ的子群，故在后面的网络分析中将其放在社会网络Ⅰ的分析部分一并分析，并称作“社会网络Ⅰ的子网”。

之后，再把此 2 - 模网络矩阵 $B_{3865\times135}$ 利用 Ucinet 软件转化为 1 - 模网络矩阵，得到“事件—事件” 1 - 模网络，本文中把这个矩阵的相应网络称之为社会网络Ⅲ。相应的数据矩阵记为 E，且 $E = B^TB$。

（4）社会网络Ⅳ。民间信仰信众群体中，信奉祖先、财神或灶神、天公的三个人群子网。问卷调查结果显示，民间信仰信众群体中，敬拜人数最多的前三位神灵是：敬拜祖先 2836 人，敬拜财神或灶神 2650 人，敬拜天公 1510 人。分析这三类人群的情况，即可掌握信众群体的主体情况，故本课题对这三类人群分别建立网络进行分析。具体建模过程如下：

社会网络Ⅳ - 1：通过 Excel 选出敬拜祖先人群与事件的各种数据矩阵 $F_{3865\times135}$；再用 Ucinet 软件将此 2 - 模转化成 1 - 模数据，建立相应网络。

社会网络Ⅳ - 2：通过 Excel 选出敬拜财神或灶神人群与事件的各种数据矩阵 $G_{3865\times135}$；再用 Ucinet 软件将此 2 - 模转化成 1 - 模数据，建立相应网络。

社会网络Ⅳ - 3：通过 Excel 选出敬拜天公人群与事件的各种数据矩阵 $H_{3865\times135}$；再用 Ucinet 软件将此 2 - 模转化成 1 - 模数据，建立相应网络。

下面，分别对上述四种网络（包括两个模态）进行中心性和凝聚性计算分析。

5.3 民间信仰社会网络结构特性分析

分析流程见图 2。

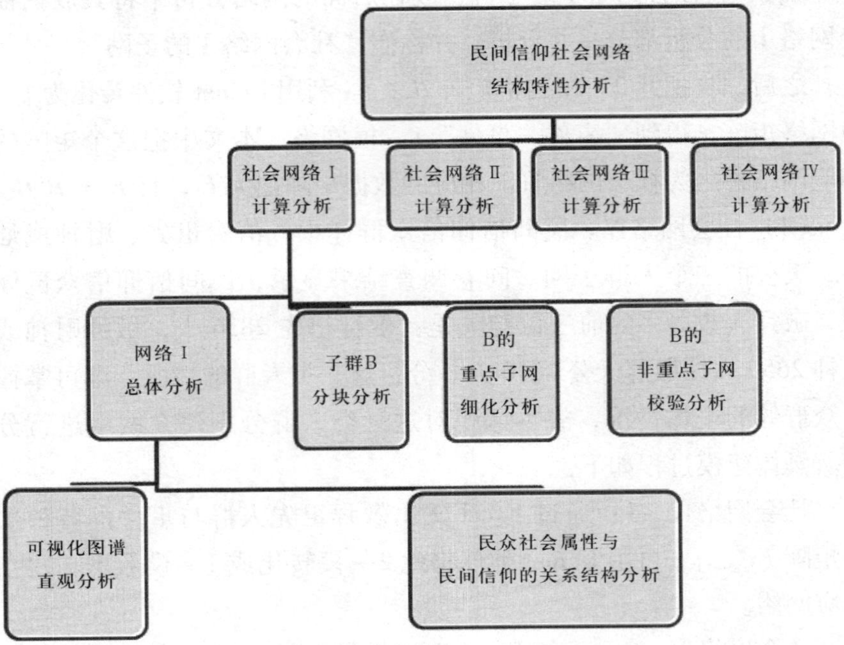

图2　民间信仰社会网络结构特性分析流程

5.3.1 社会网络Ⅰ的计算与分析

社会网络Ⅰ是最基础的2－模网络，对其从四个方面进行全面分析。

5.3.1.1 社会网络Ⅰ的总体分析

（1）总体可视化分析。利用Ucinet软件的网络可视化功能，可将社会网络Ⅰ的关系图谱及所有结点的中心度以可视图的形式直观展现出来（见图3、图4）。

图 3 社会网络 I 的关系图谱

图 4　社会网络Ⅰ中心度可视图

图3是反映5100个行为者和所有事件的交叉关系的多维量表图谱。其中，圆点为行为者结点，方形点为事件结点。多维量表技术是根据结点之间“距离”画图的，在二维空间中，距离越近的点关系也越紧密。但由于矩阵数据量很大，故图2反映的规律比较模糊，且不能给出其关系结构的量化说明。

图4是社会网络Ⅰ的所有结点的点度中心度的可视图。图中每个结点的点度中心度用方形表示，结点的点度中心度越高，其方形块就越大，反之就越小。图4直观地揭示了行动者和事件网络的深层次结构，某结点点度中心度高，说明该结点处于网络的核心位置，相应的这些点的联结规模也大，桥梁作用也明显。由图3可知，事件“已婚”、“农牧渔业从业人员”、“对未来生活充满希望”、“高中以下文化程度”、“男性”、“敬拜祖先”、“敬拜财神或灶神”、“就近参加民间信仰活动”等事件结点的方块较大，说明在5100名受调查者中，已婚人员、农牧渔业从业人员、对生活充满希望人员、高中以下学历、男性、敬拜祖先信众、敬拜财神或灶神信众、就近参加民间信仰活动人员的群体规模较大。

（2）社会属性与民间信仰关系结构的总体分析。对5100人群体，分别从“年龄、学历、职业、家庭年收入”等4种基本属性，测量社会属性与民间信仰的总体关系结构。

——年龄与民间信仰。用Excel从中分别算出7个不同年龄段：即“18岁以下（不含18）、18岁到25岁（不含25）、25岁到35岁（不含35）、35岁到45岁（不含45）、45岁到55岁（不含55岁）、55岁到65岁（不含65）、65岁以上”的总人数和有民间信仰的人数，得到两组数列：

L_1 = [l:5 105 595 1113 1587 1322 373]；

T_1 = [t:5 55 366 827 1254 1053 305]；其中，L_1为7个年龄段的总人数数列，T_1为7个年龄段中有民间信仰的人数数列。

则，分别用比率图（T_1/L_1）（图5）和比例图（t/T）（图6）反映年龄与民间信仰的关系。

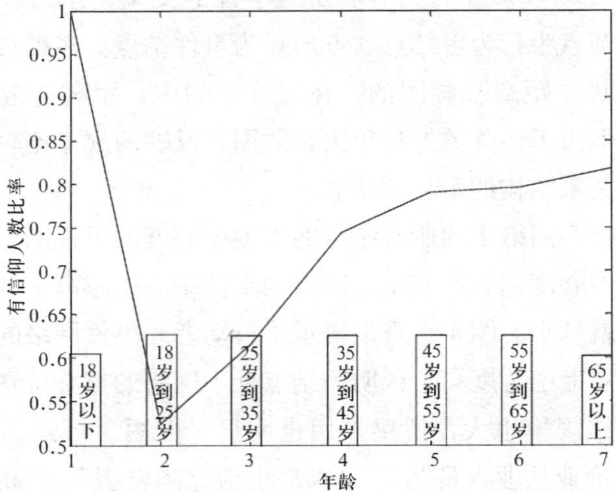

图 5　不同年龄段有民间信仰人数与总人数的比率

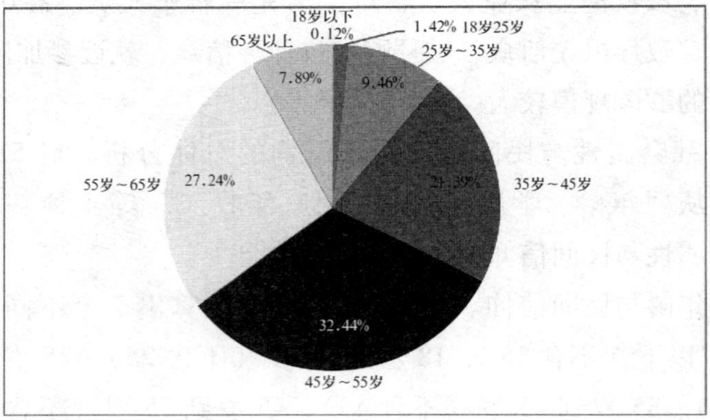

图 6　信众中不同年龄段人群所占的比例

由图 5 知：①18 岁以下人员参与民间信仰的比率为 100%。但本次调查中 18 岁以下只有 5 人，不具普遍意义。②对 18 岁以上成年人来说，年龄与参与民间信仰成正比；年龄越大，参与民间信仰的比率越高。从低到高 6 个年龄段的人群中参与民间信仰的比率分别是：0. 52、0. 61、0. 74、0. 79、0. 79、0. 81。

由图 6 知：各年龄段有民间信仰者人群占信众总人数的比例，从高到低依次为：45 岁到 55 岁（不含 55）32.44%、55 岁到 65 岁（不含 65）27.24%、35 岁到 45 岁（不含 45）占 21.39%、25 岁到 35 岁（不含 35）占 9.46%、65 岁以上占 7.89%、18 岁到 25 岁（不含 25）占 1.42%、18 岁以下（不含 18）占 0.12%。民间信仰高发群体在 35 岁到 65 岁这个年龄区间，最集中是 45 岁到 55 岁之间。

——学历与民间信仰。用 Excel 从中分别计算出 5 种不同学历：即“未受正规教育、小学、初中、高中、大专或大本”的总人数和有民间信仰的人数，得到两组数列：

$L_2 = [l:186\ 826\ 3089\ 950\ 49]$；

$T_2 = [t:141\ 645\ 2407\ 650\ 22]$

其中，L_2 为 5 种不同学历的总人数数列，T_2 为 5 种不同学历有民间信仰人数数列。

则，分别用比率图（T_2/L_2）（图 7）和比例图（t/T）（图 8）反映学历与民间信仰之间的关系。

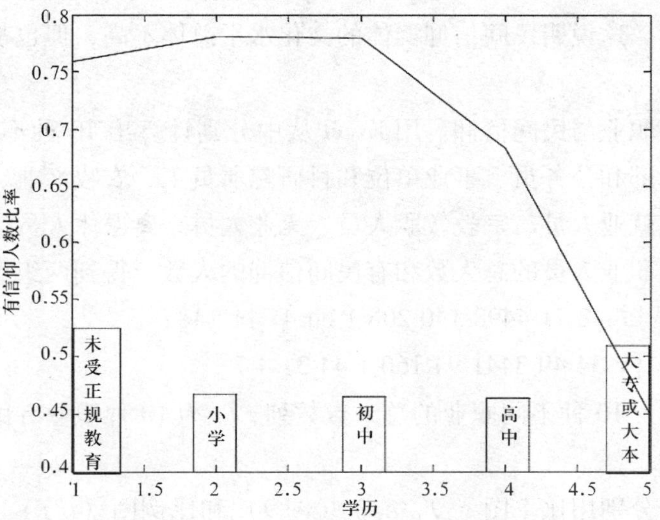

图 7　不同学历有民间信仰人数与总人数的比率

由图 7 知：学历高低与参与民间信仰成反比，随着受教育程度的提高，有民间信仰比率呈减小趋势。学历从低到高的不同人群中有民间信仰的比率分别是：0.75、0.78、0.77、0.68、0.44。

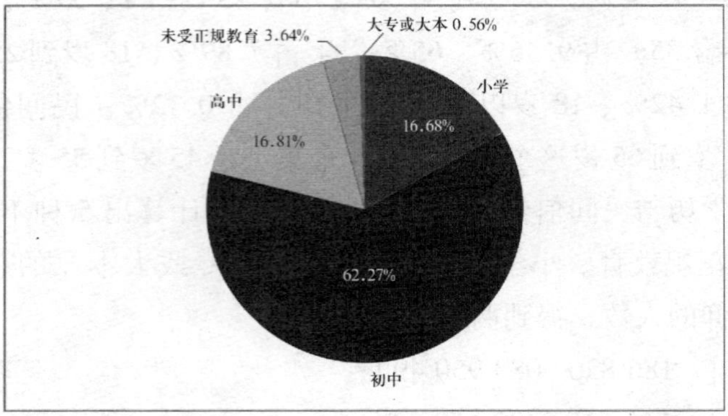

图 8　信众中不同学历人群所占的比例

由图 8 又知：不同学历有民间信仰者人群占信众总人数的比例从高到低依次为：初中 62.27%、小学 16.68%、高中 16.81%、未受正规教育 3.64%、大专或大本 0.56%。民间信仰群体主要集中在初中文化程度，这说明民间信仰群体的文化水平总体不高，但也都有一定文化。

——职业与民间信仰。用 Excel 从中分别计算出 10 种不同职业：即党政干部和公务员、事业单位和科研院所员工、农牧渔业、企业员工、自主就业人员、宗教教职人员、无业人员、离退休人员、在校学生、其他职业人员的总人数和有民间信仰的人数，得到两组数列：

L_3 = [l:48 71 4498 140 206 1 64 47 11 14]；

T_3 = [t:34 49 3441 94 160 1 44 31 4 7]

其中，L_3 为 10 种不同职业的总人数数列，T_3 为 10 种职业有民间信仰的人数数。

则，分别用比率图（T_3/L_3）（图 9）和比例图（t/T）（图 10）反映职业与民间信仰的关系。

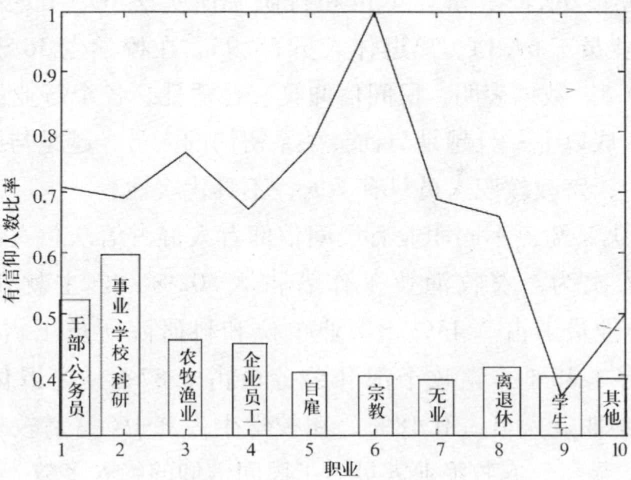

图9　不同职业有信仰人数与总人数的比率

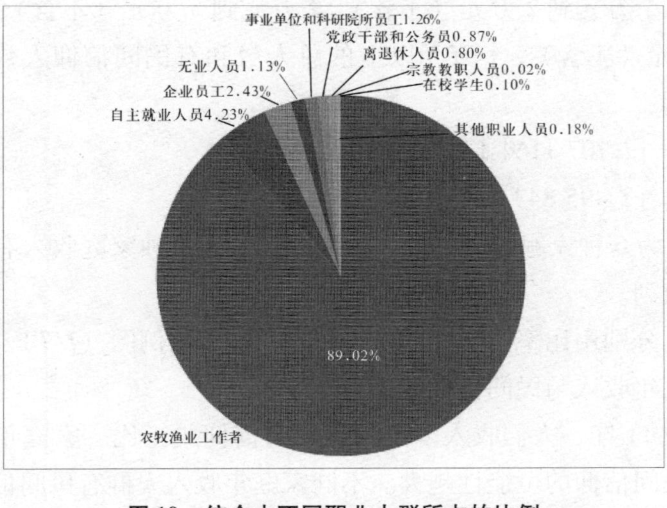

图10　信众中不同职业人群所占的比例

由图9可知：除了宗教教职人员和在校学生之外，其他职业群体参与民间信仰的比率基本相近。按比率高低排序依次是：宗教教职人员1.0、自主就业人员（个体户、小商贩、推销员、律师、会计师、个体医师、艺术家和经纪人等）77.66、农牧渔业从业者76.5、党政干部和公务员 70.83、事业单位和科研院所员工 69.01、无业人员 68.75、企业员工 67.14、离退休人员 65.95、在校学生 36.36、其他职业人员 0.5。数据表明，民间信仰具有普适性，各个行业参与人数都超过了六成以上；且越是与社会关系密切的人员，越是与民间信仰亲近。其中，宗教教职人员只有 1 人，不具代表性。

由图 10 又知：不同职业有民间信仰者人群占信众总人数的比例从高到低依次为，农牧渔业工作者占 89.02%、自主就业人员占 4.23%、企业员工占 2.43%、事业单位和科研院所员工占 1.26%、无业人员占 1.13%、党政干部和公务员占 0.87%、离退休人员占 0.8%、其他职业人员占 0.18%、在校学生占 0.1%、宗教教职人员占 0.02%。显示：农牧渔业人员占了民间信仰的绝大多数。

——家庭年收入与民间信仰。用 Excel 从中分别计算出 6 种不同家庭年收入（人民币）：即 5000 元（不含）以下、5000 元到 1 万元（不含）、1 万元到 2 万元（不含）、2 万元到 5 万元（不含）、5 万元到 10 万元（不含）、十万元以上的总人数和有民间信仰人数，得到两组数列：

$L_4 = [l:707\ 1164\ 1732\ 1328\ 133\ 36]$；

$T_4 = [t:495\ 843\ 1345\ 1041\ 109\ 32]$

其中，L_4 为 6 种家庭收入的总人数数列，T_4 为 6 种家庭收入有民间信仰人数数列。

则，分别用比率图（T_4/L_4）（图 11）和比例图（t/T）（图 12）反映家庭年收入与民间信仰的关系。

由图 11 知：人们收入多少与有民间信仰成正比。家庭年收入越高，有民间信仰的可能性越大。不同家庭年收入人群有民间信仰的比率从高到低依次为：10 万元以上 88.88、5 万元到 10 万元（不含）81.95、2 万元到 5 万元（不含）78.38、1 万元到 2 万元（不含）77.65、5000 元到 1 万元（不含）72.42、5000 元（不含）以下 70.01。

由图 12 又知：不同家庭年收入有民间信仰人群占信众总人数的比例从高到低依次为：1 万元到 2 万元（不含）占 34.79%、2 万元

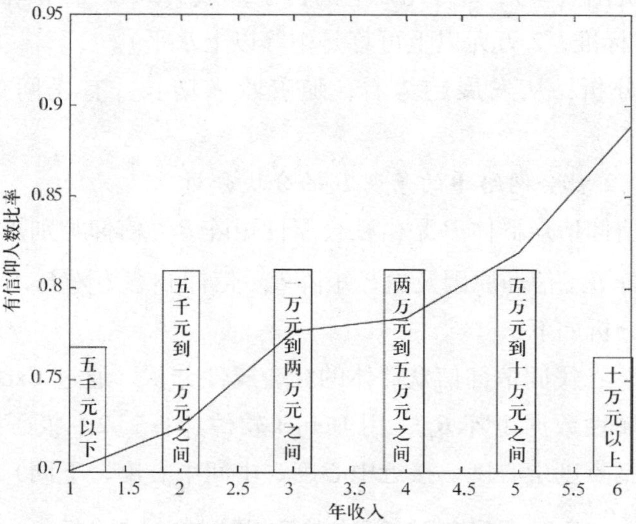

图 11　不同家庭年收入有信仰人数与总人数的比率

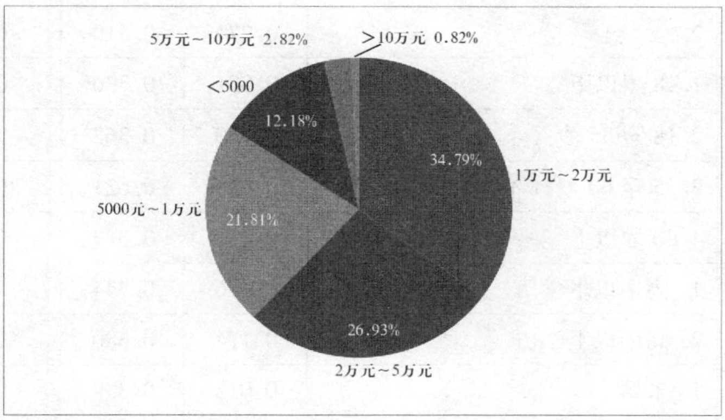

图 12　信众中不同家庭年收入人群所占的比例

到 5 万元（不含）占 26.93%、5000 元到一万元（不含）占 21.81%、5000 元（不含）以下占 12.18%、5 万元到 10 万元（不含）占 2.82%、10 万元以上占 0.82%。数据显示：目前在民间信仰群体中，经济状况呈橄榄型，即家庭年收入在 1 万到 2 万之间的占 4 成，一万元以下的贫困家庭（按 2011 年国家新标准人均年收入 2300

元以下为贫困人口）；2 万元以上的占了 3 成（2013 年全国农民人均收入 7917 标准，2 万元以上可算是中等以上水平）。

综合分析：从发展趋势看，随着收入增长，有民间信仰倾向愈强。

5.3.1.2 社会网络Ⅰ的子网 B 的分块分析

民间信仰信众群体 B 是由社会属性矩阵 B_1、信仰类别矩阵 B_2、祭祀活动矩阵 B_3、信仰原因及途径矩阵 B_4、信仰心态矩阵 B_5 5 个子群构成，分别分析如下：

（1）B_1：民间信仰信众群体的社会属性分析。通过 Excel 从中筛选出社会属性数据矩阵 B_1，用 Ucinet 软件计算其 2 – 模子网络的中心性（包括点度中心度、接近中心度、中间中心度，下同），得表 2。

表 2　民间信仰信众群体的基本属性的中心性分析

		Degree	Closeness	Betweenness
性别	1. 男	0.729	0.651	0.134
	2. 女	0.271	0.410	0.019
年龄	1. 18 岁以下	0.001	0.336	0.000
	2. 18 至 35 岁（不含）	0.110	0.362	0.003
	3. 35 至 60 岁（不含）	0.691	0.621	0.116
	4. 60 岁以上	0.198	0.387	0.009
学历	1. 高中以下学历	0.826	0.744	0.175
	2. 高中以上学历	0.174	0.380	0.008
婚姻状况	1. 未婚	0.012	0.339	0.000
	2. 已婚（初婚）	0.980	0.960	0.269
	3. 其他	0.008	0.337	0.000

续表

		Degree	Closeness	Betweenness
职业	1. 干部、公务员	0.009	0.338	0.000
	2. 事业、学校、科研	0.013	0.338	0.000
	3. 农牧渔业	0.890	0.818	0.205
	4. 企业员工	0.024	0.341	0.000
	5. 自雇	0.042	0.345	0.000
	6. 宗教	0.000	0.334	0.000
	7. 无业	0.012	0.338	0.000
	8. 离退休	0.008	0.337	0.000
	9. 学生	0.001	0.335	0.000
	10. 其他	0.002	0.336	0.000
家庭年收入	1. 5000 元以下	0.128	0.367	0.004
	2. 5000～1 万元	0.218	0.393	0.011
	3. 1 万～2 万元	0.348	0.437	0.028
	4. 2 万～5 万元	0.270	0.409	0.017
	5. 5 万～10 万元	0.028	0.342	0.000
	6. 10 万元以上	0.008	0.337	0.000

由表2知：①根据点度中心度的取值，有民间信仰者群体的基本属性网络可分为三层结构：第一层次 Degree≥0.5，第二层次 0.1≤Degree＜0.5，第三层次 0≤Degree＜0.1。居于第一层次的人群有以下属性：男性、年龄在 35 至 60 岁、高中以下学历、已婚（初婚）、农牧渔业职业。这些结点的点度中心势必较高，在网络中有集中趋势。②各属性结点的中间中心度大部分为 0，最高为 0.269，差距不大，整个网络的中间中心势不高，故网络中所有结点都能够顺畅联通。表明不论何种属性的人群都容易与民间信仰发生联系。③从各属性结点的接近中心度来看，差距较大，故网络的接近中心势较高，说明各结点与民间信仰的关系有差异。而已婚、农牧渔业职业、高中以下学历、男性、年龄在 35 至 60 岁 5 个结点的接近中心度大于 0.6，

比其他结点的高出一倍以上，这说明这5个结点在民间信仰网络中居于核心位置。

综上：民间信仰信众群体网络中，“已婚、农牧渔业职业、高中以下学历、男性、年龄在35～60岁”是中心结点，故这5类社会属性的是重点人群。

（2）B_2：民间信仰信众群体的信仰类别分析。通过Excel从B中筛选出敬拜各种神明的数据矩阵B_2，用Ucinet软件计算其2－模子网的中心性，得表3。

表3　民间信仰信众群体的信仰各种神明的中心性分析

	Degree	Closeness	Betweenness
1. 孔子	0. 023	0. 340	0. 013
2. 天公（玉皇大帝）	0. 396	0. 457	0. 112
3. 关公（关圣帝君）	0. 219	0. 394	0. 040
4. 玄天上帝（真武、玄武）	0. 032	0. 342	0. 014
5. 祖先（包括过世亲人）	0. 745	0. 669	0. 493
6. 天生老母（无极老母、老娘、明明上帝等）	0. 062	0. 351	0. 004
7. 三清尊神或道祖（老子）	0. 010	0. 337	0. 000
8. 泰山奶奶（碧霞元君）、泰山老爷（东岳）	0. 011	0. 339	0. 003
9. 阿弥陀佛	0. 045	0. 345	0. 018
10. 文昌帝君或魁星	0. 025	0. 339	0. 002
11. 弥勒佛	0. 009	0. 337	0. 001
12. 济公	0. 002	0. 333	0. 000
13. 财神（赵公明）、灶神	0. 696	0. 628	0. 353
14. 观音菩萨（慈航道祖）	0. 251	0. 405	0. 044
15. 土地公（福德正神）、山川神、社公等	0. 309	0. 424	0. 054
16. 行业神（鲁班、蚕神等）	0. 006	0. 338	0. 000
17. 动（植）物神明	0. 022	0. 335	0. 000
18. 自然神（风神、冰神、雨神等）	0. 005	0. 336	0. 002
19. 其他神明	0. 016	0. 335	0. 014

由表3知：①根据点度中心度的取值，民间信仰的神明可分成三类：第一类 Degree≥0.5，有祖先、财神或灶神两种；第二类 0.1≤Degree<0.5，有天公（玉皇大帝）、土地公、观音菩萨、关公四种；其余神明为第三类 0≤Degree<0.1，其中，点度中心度小于 0.01 的有济公、自然神、行业神、弥勒佛。②从接近中心度看，祖先、财神或灶神的接近中心度大于 0.5，其余神明的接近中心度都大于 0.3，各结点的接近中心度差距不大，网络接近中心势不高，网络各结点与各种神明的联系都很顺畅。③网络的中间中心势比较高，祖先、财神或灶神、天公的中间中心度比其余结点高出很多。

综上：民间信仰信众群体网络中，祖先、财神或灶神居于核心地位，其次是天公（玉皇大帝）。这三种神明在民间信仰对象中具有代表性。

（3）B_3：民间信仰信众群体的祭祀活动要素分析。通过 Excel 从 B 中筛选出有民间信仰者的活动方式的数据矩阵 B_3，用 Ucinet 软件计算其 2－模子网络的中心性，得表 4。

表 4　民间信仰信众群体的祭祀活动要素的中心性分析

		Degree	Closeness	Betweenness
祭拜地点	1. 家中	0.891	0.822	0.197
	2. 祠堂	0.008	0.338	0.000
	3. 村庙	0.083	0.356	0.002
	4. 寺观	0.005	0.338	0.000
	5. 室外广场	0.009	0.338	0.000
参与方式	1. 独自参加	0.590	0.553	0.074
	2. 结伴参加	0.219	0.394	0.014
	3. 人越多越好	0.020	0.341	0.000
	4. 从来不参加	0.166	0.378	0.006

续表

		Degree	Closeness	Betweenness
活动范围	1. 就近参加	0.920	0.863	0.214
	2. 在本县范围内	0.066	0.352	0.002
	3. 在本市范围内	0.009	0.338	0.000
	4. 跨省参加	0.001	0.336	0.000
活动场面	1. 10 人以内	0.798	0.714	0.144
	2. 10～50 人	0.093	0.359	0.003
	3. 50～100 人	0.031	0.344	0.000
	4. 100 人以上	0.072	0.354	0.002
活动时间	1. 1 天以内	0.748	0.667	0.131
	2. 1～3 天	0.161	0.377	0.007
	3. 3～7 天	0.034	0.344	0.000
	4. 7～15 天	0.035	0.344	0.000
	5. 半个月以上 3 个月以内	0.010	0.338	0.000
	6. 3 个月以上 1 年以内	0.008	0.337	0.000
	7. 其他	0.001	0.335	0.000
民间信仰为哪些活动提供平台和机会	1. 公益宣传	0.271	0.410	0.020
	2. 商贸活动	0.302	0.421	0.024
	3. 走亲访友	0.518	0.513	0.062
	4. 政策宣传	0.149	0.374	0.006
	5. 其他	0.006	0.337	0.000

由表 4 知：①“在家中祭拜”、“独自参加祭祀”、“就近活动”、“活动场面为 10 人以内”、“时间为 1 天以内”的点度中间度、接近中心度都大于 0.5，且中间中心度最高，中心势也很高，这些结点是网络的中心结点，且有集中趋势。显示：在民间信仰群体中，这 5 种行为方式是主体。②在“民间信仰为哪些活动提供平台和机会”中，各选项的点度中心度、接近中心度和中间中心度比较平衡，说明这些结点地位相当，联系的强度基本一样，信众略为偏好“走亲访友”和“商贸活动”，这与“就近活动”的选择同样都是处于低成本的

"经济"心态。

(4) B_4：民间信仰信众群体的信仰原因及途径分析。用 Excel 从 B 中筛选有民间信仰者的信仰原因及途径数据矩阵 B_4，用 Ucinet 软件计算其 2－模子网络的中心性，得表 5。

表 5　民间信仰信众群体的信仰原因及途径的中心性分析

		Degree	Closeness	Betweenness
信仰原因	1. 保平安和消灾避邪	0.827	0.745	0.348
	2. 让家人或自己身体健康	0.720	0.643	0.240
	3. 希望事业或者学业顺利	0.239	0.399	0.024
	4. 将来入天堂或超生	0.024	0.341	0.001
	5. 修身养性	0.072	0.352	0.003
	6. 追求真理或智慧	0.019	0.339	0.000
	7. 获得心灵安慰	0.097	0.358	0.008
	8. 增强家族感情	0.076	0.353	0.004
	9. 其他	0.005	0.336	0.000
信仰途径	1. 自发参与	0.718	0.641	0.248
	2. 跟随亲属信仰	0.238	0.398	0.036
	3. 朋友介绍	0.021	0.340	0.001
	4. 信众宣传	0.018	0.339	0.000

由表 5 可知："保平安和消灾避邪"、"让家人或自己身体健康"、"自发参与"等选项的点度中心度、中间中心度、接近中心度都很高，且点度中心势、中间中心势也很高，说明这 3 个结点在网络中居于核心地位，有集中趋势。但接近中心势不太高，说明结点之间没有差异。

显示：在有民间信仰群体中，"保平安和消灾避邪"、"让家人或自己身体健康"、"自发参与"是主要原因和参与途径。

(5) B_5：民间信仰信众群体的信仰心态分析。用 Excel 从 B 中筛选出有民间信仰者的信仰心态方面的数据矩阵 B_5，用 Ucinet 软件计算其 2－模子网络的中心性，得表 6。

表6　民间信仰信众群体的信仰心态的中心性分析

		Degree	Closeness	Betweenness
对生活现状的评价	1. 很满意	0.493	0.501	0.046
	2. 比较满意	0.465	0.487	0.040
	3. 不太满意	0.038	0.346	0.000
	4. 很不满意	0.004	0.338	0.000
对未来生活的期望	1. 充满希望	0.852	0.774	0.146
	2. 一般	0.133	0.370	0.004
	3. 心灰意冷	0.003	0.338	0.000
	4. 无所谓	0.013	0.340	0.000
生活中遇到困难时	1. 自己想办法解决	0.689	0.620	0.090
	2. 求助神明帮助	0.014	0.340	0.000
	3. 求助政府相关部门	0.243	0.402	0.011
	4. 求助其他社会组织或个人	0.054	0.350	0.001
民间信仰与精神文明	1. 相互促进	0.408	0.462	0.030
	2. 相互排斥	0.024	0.342	0.000
	3. 说不清楚	0.568	0.541	0.064
占卜、相面、算命、看风水等是否迷信	1. 属于	0.463	0.486	0.041
	2. 不属于	0.093	0.359	0.002
	3. 说不清楚	0.444	0.478	0.034
民间信仰是否有隐患	1. 是	0.147	0.373	0.004
	2. 否	0.429	0.471	0.031
	3. 不了解	0.424	0.469	0.033
民间信仰是否造成不良影响	1. 影响人际关系	0.142	0.372	0.003
	2. 影响社会安定	0.092	0.359	0.001
	3. 疏远家人感情	0.038	0.346	0.000
	4. 影响工作、学习	0.104	0.362	0.002
	5. 导致神魂颠倒	0.054	0.350	0.000
	6. 没有不利影响	0.741	0.663	0.103

续表

		Degree	Closeness	Betweenness
对待神明的态度	1. 不可冒犯，无条件遵从	0.098	2.237	0.010
	2. 人生参考，合理就信	0.515	10.416	0.172
	3. 半信半疑	0.167	3.753	0.071
	4. 不相信，拜一拜也无妨	0.312	4.734	0.045
	5. 冒犯也无所谓	0.008	125.957	0.000
愿否成为活动组织者	1. 愿意	0.111	8.984	0.012
	2. 不愿意	0.539	1.858	0.290
	3. 无所谓	0.349	2.867	0.122
民间信仰活动应该审批	1. 是	0.510	0.509	0.040
	2. 否	0.490	0.499	0.037
民间信仰应培训和监管	1. 是	0.504	0.506	0.037
	2. 否	0.496	0.502	0.037
民间信仰财务应透明	1. 是	0.610	0.566	0.063
	2. 否	0.390	0.455	0.021
民间信仰组织应合法化	1. 是	0.554	0.533	0.048
	2. 否	0.446	0.479	0.030

由表6知：①“对生活现状满意（很满意+比较满意）”、“对未来充满希望”、“遇到困难自己想办法解决”、“对民间信仰与精神文明的关系说不清楚”、“民间信仰没有不利影响”、“把神明作为人生参考、合理就信”、“不愿意成为民间信仰组织者”、“应该对民间信仰活动审批”、“应该对活动进行培训和财务监管”、“民间信仰财务应该公开透明”、“民间信仰组织应该合法化”等结点的点度中心度Degree都大于0.5，且中心势也很高。这些结点是网络的中心结点。②从接近中心度来看，“对生活现状满意”、“对未来充满希望”、“遇到困难自己想办法解决”、“对民间信仰与精神文明的关系说不清楚”、“民间信仰没有不利影响”、“把神明作为人生参考、合理就信”、“不愿意成为民间信仰的组织者”、“应该对信仰活动审批”、

“应该对活动进行培训和财务监管”、“民间信仰财务应该公开透明”、“民间信仰组织应该合法化”等结点的接近中心度都大于0.5，但中心势不高，说明这些结点靠近网络中心，但与其他结点差异不大。③认为“占卜、相面、算命、看风水等是迷信”的中心性也比较高，说明能区分民间信仰与迷信活动。④从中间中心度看，只有“对未来充满希望”、“民间信仰没有不利影响”的中间中心度超过了0.1，其余都为零或接近零，且各结点之间差异很小，说明各种选项之间没有很大的相关性。

结果显示：“对生活现状满意、对未来充满希望”代表有民间信仰群体的普遍心态；对神明持“合理就信”、“拜一拜也无妨”理性态度的信众占主流；多数信众“认为民间信仰没有不利影响、与精神文明不排斥”；半数信众能区分民间信仰与迷信活动；多数人赞成“民间信仰组织合法化、政府应加强对民间信仰审批和管理”。但同时，多数人又不愿意成为民间信仰的组织者。

5.3.1.3 社会网络Ⅰ的子网 B 的重点子群的细化分析

根据上节对 B 的分块分析，得出了 B_1、B_2、B_3、B_4、B_5 的中心结点，也即是 B 的中心结点。相应的，与每个中心结点相联结的所有行为者则分别构成了有民间信仰群体中具有各种不同属性的重点人群。比如，在 B_1 中，“已婚”事件为中心结点，则“已婚人群”就是民间信仰群体中的一个重点子群。

为细化分析有民间信仰群体的特性，根据 B 的各个中心结点，将其相应的重点人群与不同事件模块交叉联结构成重点子网（图13），分别进行中心性分析。

（1）B_1：对“已婚、农牧渔职业、高中以下学历、男性、35至60岁”5类重点人群，分别从“敬拜神明、活动方式、信仰原因及途径、信仰心态”四个方面进行分析。

首先，分析已婚人群。用Excel从中选出已婚人群关于“敬拜神明、活动方式、信仰原因及途径、信仰心态”的相关数据，构成4个2－模子网，用Ucinet分别对其进行中心性分析，得表7、表8、表9、表10。

子网	中心结点	相应的重点人群	重点人群与事件模块交叉组网	事件模块
B_1	已婚 农牧渔业职业 高中以下学历 男性 35至60岁	已婚人群 农牧渔业人群 高中以下人群 男性人群 35至60岁人群		神明类别 活动方式 信仰原因及途径 信仰心态
B_2	祖先 灶神或财神 天公	敬拜祖先人群 敬拜灶神或财神人群 敬拜天公人群		社会属性 活动方式 信仰原因及途径 信仰心态
B_3	在家中祭拜 独自参加活动 就近参加活动 活动场面10人以内 活动时间在1天以内	在家中祭拜人群 独自参加活动人群 就近参加活动人群 10人以内活动的人群 活动时间在1天以内人群		社会属性 神明类别 信仰原因及途径 信仰心态
B_4	保平安、消灾避邪 让家人或自己身体健康 自发参与民间信仰	出于“保平安”目的人群 出于“为身体健康”人群 自发参与民间信仰人群		社会属性 神明类别 活动方式 信仰心态
B_5	对生活满意 对未来充满希望 遇到困难自己解决 民间信仰没有不利影响 合理就信、拜一拜无妨 民间信仰应审批 应加强培训和监管 财务应公开透明 民间信仰组织应合法化 不愿当民间信仰组织者	对生活满意人群 对未来充满希望人群 遇到困难自己解决人群 民间信仰没有不利影响人群 合理就信、拜一拜无妨人群 认为活动应审批人群 认为应加强培训监管人群 认为应财务公开人群 认为应组织合法化人群 不愿成为组织者人群		社会属性 神明类别 活动方式 信仰原因途径

图 13　B 的重点人群与事件模块交叉联结组网示意图

表 7　民间信仰信众群体中已婚人群的敬拜神明的中心性分析

	Degree	Closeness	Betweenness
1. 孔子	0.022	0.340	0.012
2. 天公（玉皇大帝）	0.397	0.458	0.112
3. 关公（关圣帝君）	0.218	0.394	0.040
4. 玄天上帝（真武、玄武）	0.031	0.341	0.013
5. 祖先（包括过世亲人）	0.746	0.670	0.493
6. 天生老母（无极老母、老娘、明明上帝等）	0.062	0.351	0.004
7. 三清尊神或道祖（老子）	0.009	0.337	0.000
8. 泰山奶奶（碧霞元君）、泰山老爷（东岳）	0.010	0.339	0.003

续表

	Degree	Closeness	Betweenness
9. 阿弥陀佛	0.044	0.345	0.017
10. 文昌帝君或魁星	0.026	0.339	0.002
11. 弥勒佛	0.009	0.337	0.001
12. 济公	0.002	0.333	0.000
13. 财神（赵公明）、灶神	0.697	0.629	0.353
14. 观音菩萨（慈航道祖）	0.249	0.404	0.044
15. 土地公（福德正神）、山川神、社公等	0.309	0.424	0.054
16. 行业神（鲁班、蚕神等）	0.006	0.338	0.000
17. 动（植）物神明	0.022	0.335	0.000
18. 自然神（风神、冰神、雨神等）	0.004	0.334	0.002
19. 其他神明	0.016	0.335	0.014

由表7知：①祖先、财神或灶神的点度中心度较高，中心势也比较明显，说明已婚有民间信仰人群信奉的神明主要是祖先、财神或灶神。②祖先、财神或灶神的接近中心度较高，其次是天公、观音菩萨、土地公、山川神、社公等，且前两个结点的接近中心度与其他结点的接近中心度差距较大，说明在这两个结点靠近网络的中心。③祖先、财神或灶神、天公的中间中心度较高，说明这三种神明在网络中起到较好的桥梁作用，其余各项事件都与它们相关。

表8　民间信仰信众群体中已婚人群的活动方式的中心性分析

		Degree	Closeness	Betweenness
祭拜地点	1. 家中	0.892	0.823	0.198
	2. 祠堂	0.008	0.338	0.000
	3. 村庙	0.083	0.356	0.002
	4. 寺观	0.005	0.338	0.000
	5. 室外广场	0.008	0.338	0.000

续表

		Degree	Closeness	Betweenness
参与方式	1. 独自参加	0.592	0.554	0.075
	2. 结伴参加	0.220	0.394	0.014
	3. 人越多越好	0.021	0.341	0.000
	4. 从来不参加	0.164	0.378	0.006
活动范围	1. 就近参加	0.920	0.863	0.214
	2. 在本县范围内	0.066	0.352	0.002
	3. 在本市范围内	0.009	0.338	0.000
	4. 跨省参加	0.001	0.336	0.000
活动场面	1. 10 人以内	0.797	0.714	0.144
	2. 10~50 人	0.093	0.359	0.003
	3. 50~100 人	0.031	0.344	0.000
	4. 100 人以上	0.072	0.354	0.002
活动时间	1. 1 天以内	0.748	0.667	0.131
	2. 1~3 天	0.160	0.377	0.007
	3. 3~7 天	0.034	0.344	0.000
	4. 7~15 天	0.035	0.344	0.000
	5. 半个月以上 3 个月以内	0.010	0.339	0.000
	6. 3 个月以上 1 年以内	0.008	0.337	0.000
	7. 其他	0.001	0.335	0.000
提供平台	1. 进行公益宣传	0.272	0.411	0.020
	2. 商贸活动	0.301	0.421	0.024
	3. 走亲访友	0.518	0.513	0.063
	4. 政策宣传	0.151	0.374	0.006
	5. 其他	0.006	0.337	0.000

由表 8 知：①“家中敬拜”、“独自参加活动”、“就近参加活动”、“10 人以内”、“1 天以内”、“走亲访友”等结点的点度中心度、接近中心度都较高，且与其他结点的差距较大，说明网络中心势

较高，结点之间差异很大，而这6个事件是已婚有民间信仰人群活动方式的集中选项。②“家中”、“就近参加”、“10人以内”、“1天以内”中间中心度较高，说明这4种方式在网络中起桥梁作用。

表9　民间信仰信众群体中已婚人群的信仰原因及途径的中心性分析

		Degree	Closeness	Betweenness
信仰原因	1. 保平安和消灾避邪	0.829	0.746	0.349
	2. 让家人或自己身体健康	0.721	0.644	0.241
	3. 希望事业或者学业顺利	0.240	0.399	0.024
	4. 将来入天堂或超生	0.025	0.341	0.001
	5. 修身养性	0.073	0.353	0.003
	6. 追求真理或智慧	0.019	0.339	0.000
	7. 获得心灵安慰	0.098	0.359	0.008
	8. 增强家族感情	0.077	0.353	0.004
	9. 其他	0.005	0.336	0.000
信仰途径	1. 自发参与	0.718	0.641	0.246
	2. 跟随亲属信仰	0.239	0.398	0.036
	3. 朋友介绍	0.021	0.340	0.001
	4. 信众宣传	0.018	0.339	0.000

由表9知：“保平安和消灾避邪”、“让家人或自己身体健康”、“自发参与”结点的点度中心度、接近中心度、中间中心度都较高，且中心势都较高，说明这些事件是已婚人群参与民间信仰的决定性因素。

表10　民间信仰信众群体中已婚人群的有关心态的中心性分析

		Degree	Closeness	Betweenness
对生活现状的评价	1. 很满意	0.493	0.501	0.046
	2. 比较满意	0.465	0.487	0.040
	3. 不太满意	0.038	0.346	0.000
	4. 很不满意	0.004	0.338	0.000

续表

		Degree	Closeness	Betweenness
对未来生活的期望	1. 充满希望	0.852	0.774	0.146
	2. 一般	0.133	0.370	0.004
	3. 心灰意冷	0.003	0.338	0.000
	4. 无所谓	0.013	0.340	0.000
生活中遇到困难时	1. 自己想办法解决	0.689	0.620	0.090
	2. 求助神明帮助	0.014	0.340	0.000
	3. 求助政府相关部门	0.243	0.402	0.011
	4. 求助其他社会组织或个人	0.054	0.350	0.001
民间信仰与精神文明	1. 相互促进	0.408	0.462	0.030
	2. 相互排斥	0.024	0.342	0.000
	3. 说不清楚	0.568	0.541	0.064
占卜、相面、算命、看风水等是否迷信	1. 属于	0.463	0.486	0.041
	2. 不属于	0.093	0.359	0.002
	3. 说不清楚	0.444	0.478	0.034
民间信仰是否有隐患	1. 是	0.147	0.373	0.004
	2. 否	0.429	0.471	0.031
	3. 不了解	0.424	0.469	0.033
民间信仰是否造成不良影响	1. 影响人际关系	0.142	0.372	0.003
	2. 影响社会安定	0.092	0.359	0.001
	3. 疏远家人感情	0.038	0.346	0.000
	4. 影响工作、学习	0.104	0.362	0.002
	5. 导致神魂颠倒	0.054	0.350	0.000
	6. 没有不利影响	0.741	0.663	0.103
民间信仰活动应该审批	1. 是	0.510	0.509	0.040
	2. 否	0.490	0.499	0.037
民间信仰应培训和监管	1. 是	0.504	0.506	0.037
	2. 否	0.496	0.502	0.037

续表

		Degree	Closeness	Betweenness
民间信仰财务应透明	1. 是	0.610	0.566	0.063
	2. 否	0.390	0.455	0.021
民间信仰组织应合法化	1. 是	0.554	0.533	0.048
	2. 否	0.446	0.479	0.030

由表10知：①“对未来充满希望”、“遇到困难自己想办法解决”、“对民间信仰与精神文明的关系说不清楚”、“民间信仰没有不利影响”、“应该对民间信仰活动审批”、“应该对活动进行培训和财务监管”、“民间信仰财务应该公开透明”、“民间信仰组织应该合法化”等结点的点度中心度Degree都大于0.5，且中心势也很高，说明这些选项代表了已婚有民间信仰人群对民间信仰的主要态度。②从接近中心度来看，“对生活现状很满意”、“对未来充满希望”、“遇到困难自己想办法解决”、“对民间信仰与精神文明的关系说不清楚”、“民间信仰没有不利影响”、“应该对信仰活动审批”、“应该对活动进行培训和财务监管”、“民间信仰财务应该公开透明”、“民间信仰组织应该合法化”等结点的接近中心度都大于0.5，但中心势不高，说明这些结点靠近网络中心，但与其他结点差异不大。③认为“占卜、相面、算命、看风水等是迷信”的中心性也比较高，说明能区分民间信仰与迷信活动。④从中间中心度看，只有“对未来充满希望”、“民间信仰没有不利影响”的中间中心度超过了0.1，其余都为0或接近0，且各结点之间差异很小，说明各种选项之间没有很大的相关性。

其次，对具有另四类社会属性即农牧渔业、高中以下学历、男性、35至60岁的有民间信仰重点人群进行中心性分析。分析过程、结果完全相同，不再赘述。

对比分析：将表7、表8、表9、表10分别与表3、表4、表5、表6对比，各项数值高度吻合。得知：婚姻状况对有民间信仰群体的行为选择没有影响。

类推，同样可得：职业、学历、年龄、性别等社会属性对民间信仰群体行为方式没有差异性影响。

(2) B_2：对敬拜祖先、财神或灶神、天公三种神明的3类重点人群，分别从“活动方式”、“信仰原因及途径”、“信仰心态”三个方面深入分析。

首先，分析敬拜祖先人群。从 B 中选出敬拜祖先人群关于“信仰原因及途径”、“活动方式”、“信仰心态”的数据矩阵，再分别对这三个2－模子网进行中心性分析，得表11、表12、表13。

表11 敬拜祖先人群的活动方式的中心性分析

		Degree	Closeness	Betweenness
祭拜地点	1. 家中	0.907	1.105	0.821
	2. 祠堂	0.008	125.957	0.000
	3. 村庙	0.076	13.168	0.006
	4. 寺观	0.001	724.250	0.000
	5. 室外广场	0.007	144.850	0.000
参与方式	1. 独自参加	0.616	1.627	0.378
	2. 结伴参加	0.211	4.738	0.045
	3. 人越多越好	0.014	72.375	0.000
	4. 从来不参加	0.159	6.307	0.025
活动范围	1. 就近参加	0.923	1.086	0.850
	2. 在本县范围	0.069	14.548	0.005
	3. 在本市范围	0.008	125.870	0.000
	4. 跨省参加	0.000	0.000	0.000
活动场面	1.10人以内	0.821	1.221	0.672
	2.10~50人	0.088	11.443	0.008
	3.50~100人	0.026	39.122	0.001
	4.100人以上	0.064	15.649	0.004

续表

		Degree	Closeness	Betweenness
活动时间	1. 1 天以内	0. 745	1. 347	0. 553
	2. 1～3 天	0. 165	6. 095	0. 027
	3. 3～7 天	0. 041	24. 585	0. 002
	4. 7～15 天	0. 040	25. 009	0. 002
	5. 半个月以上 3 个月以内	0. 008	131. 864	0. 000
	6. 3 个月以上 1 年以内	0. 001	1450. 500	0. 000
	7. 其他	0. 001	1450. 500	0. 000

由表 11 知：①敬拜地点选项中，“家中”的点度中心度、中间中心度都大于 0. 8，说明信仰祖先的人基本上都是在家中敬拜；“寺观”、“室外广场”、“祠堂”点度中心度很低、接近中心度很高，这些事件与别的事件没有相关性，即活动场所并不互相排斥。②活动方式选项中，“就近参加”的点度中心度为 0. 923，基本上都是就近拜祭祖先；“跨省”的接近中心度为 0，说明在本市范围内活动为最大极限；“独自参与”的点度中心度很高，“结伴参加”和“人越多越好”的点度中心度很低，说明信众倾向独自敬拜、很少结伴。但“人越多越好”的接近中心度很高，与其他事件没有相关性，说明“人多也无妨”。③活动规模上，“10 人以内”度数中心度很高，说明敬拜祖先活动场面较小。④活动时间上，仅“1～3”、“1 天以内”的度数中心度超过了 0. 1，且“1 天以内”为 0. 745，说明祭拜祖先活动时间都在 1 天以内，最多不超过 3 天。

表 12　敬拜祖先人群的信仰原因及途径的中心性分析

		Degree	Closeness	Betweenness
信仰原因	1. 保平安和消灾避邪	0.819	0.741	0.576
	2. 让家人或自己身体健康	0.727	0.652	0.521
	3. 希望事业或者学业顺利	0.208	0.390	0.046
	4. 将来入天堂或超生	0.021	0.341	0.003
	5. 修身养性	0.066	0.351	0.016
	6. 追求真理或智慧	0.016	0.339	0.003
	7. 获得心灵安慰	0.096	0.359	0.037
	8. 增强家族感情	0.088	0.357	0.038
	9. 其他	0.003	0.778	0.000
信仰途径	1. 自发参与	0.718	1.396	0.514
	2. 跟随亲属信仰	0.245	4.083	0.060
	3. 朋友介绍	0.021	46.694	0.000
	4. 信众宣传	0.015	65.795	0.000

由表 12 知：①“保平安和消灾避邪”、“让家人或自己身体健康”的点度中心度、中间中心度都大于0.5，且中心势较高，是敬拜祖先的主要原因。“希望事业或者学业顺利”也是一部分原因。②“自发参与”的点度中心度、中间中心度都大于0.5，且中心势较高，为主要参与途径，其次是“跟随亲属信仰”。③“朋友介绍”、“信众宣传”的点度中心度很小但接近中心度很大，说明在网络中这两个结点最不受控制，与别的事件没有相关性。“朋友介绍”、“信众宣传”对民间信仰没有影响。

表 13　敬拜祖先人群的信仰心态的中心性分析

		Degree	Closeness	Betweenness
对生活现状的评价	1. 很满意	0. 462	2. 170	0. 213
	2. 比较满意	0. 505	1. 986	0. 254
	3. 不太满意	0. 030	32. 898	0. 001
	4. 很不满意	0. 003	321. 667	0. 000
对未来生活的预期	1. 充满希望	0. 849	1. 180	0. 720
	2. 一般	0. 133	7. 519	0. 018
	3. 心灰意冷	0. 003	289. 500	0. 000
	4. 无所谓	0. 014	72. 375	0. 000
民间信仰为哪些活动提供平台和机会	1. 公益宣传	0. 257	0. 406	0. 339
	2. 商贸活动	0. 305	0. 422	0. 350
	3. 走亲访友	0. 549	0. 532	0. 687
	4. 政策宣传	0. 140	0. 371	0. 141
	5. 其他	0. 005	193. 133	0. 000
对待神明的态度	1. 不可冒犯，无条件遵从	0. 098	10. 237	0. 010
	2. 人生参考，合理就信	0. 415	2. 416	0. 172
	3. 半信半疑	0. 267	3. 753	0. 071
	4. 不相信，拜一拜无妨	0. 212	4. 734	0. 045
	5. 冒犯也无所谓	0. 008	125. 957	0. 000
占卜、相面、算命、看风水是否迷信	1. 属于	0. 482	2. 078	0. 232
	2. 不属于	0. 094	10. 597	0. 009
	3. 说不清楚	0. 424	2. 364	0. 179
愿否成为活动组织者	1. 愿意	0. 111	8. 984	0. 012
	2. 不愿意	0. 539	1. 858	0. 290
	3. 无所谓	0. 349	2. 867	0. 122
民间信仰与精神文明建设的关系	1. 相互促进	0. 386	2. 595	0. 149
	2. 相互排斥	0. 027	37. 090	0. 001
	3. 说不清楚	0. 587	1. 706	0. 344

续表

		Degree	Closeness	Betweenness
生活中遇到困难时	1. 自己想办法解决	0.685	1.464	0.468
	2. 求助神明帮助	0.014	72.375	0.000
	3. 求助政府相关部门	0.243	4.124	0.059
	4. 求助社会组织或个人	0.058	17.130	0.003
民间信仰有否不良影响	1. 影响人际关系	0.154	0.372	0.152
	2. 影响社会安定	0.099	0.358	0.119
	3. 疏远家人感情	0.044	0.229	0.011
	4. 影响工作、学习	0.105	0.359	0.175
	5. 导致神魂颠倒	0.053	0.346	0.042
	6. 没有不利影响	0.735	0.650	0.926
民间信仰是否引发隐患	1. 是	0.162	6.195	0.026
	2. 否	0.406	2.466	0.165
	3. 不了解	0.432	2.316	0.187
民间信仰活动应该审批	1. 是	0.507	1.973	0.257
	2. 否	0.493	2.030	0.243
民间信仰应财务监管	1. 是	0.517	1.936	0.267
	2. 否	0.483	2.071	0.233
信仰活动财务应该透明	1. 是	0.619	1.616	0.383
	2. 否	0.381	2.628	0.145
民间信仰组织应合法化	1. 是	0.560	1.787	0.313
	2. 否	0.440	2.275	0.193

由表13知：①"对生活比较满意"和"对未来充满希望"的点度中心度、中间中心度都比较高；而"对生活很不满意"、"对未来心灰意冷"的点度中心度很低、接近中心性很高，这两项与其他项毫不关联，说明信奉祖先人群生活态度十分积极，民间信仰与生活窘困没有联系，反之，民间信仰使人对生活充满希望。②大部分人对敬拜神明持"合理就信、拜一拜也无妨"的态度，而非盲目崇拜；生活中遇到困难时，只有极少数人选择求助神明，大部分人选择自己想

办法或求助政府；同时，信众都把参与民间信仰活动也当作“走亲访友”、“商贸活动”和接受“公益宣传”、“政策宣传”的机会。③认为“民间信仰没有不利影响”的点度中心度、接近中心度、中间中心度都很高，同时，认为“民间信仰对精神文明建设相互促进”的点度中心度为0.386，认为“互相排斥”的只有0.027，认为“民间信仰易引发隐患”的点度中心度为0.162，说明敬拜祖先人群对民间信仰基本持正向肯定态度。同时，认为“占卜、相面、算命、看风水等是迷信”的点度中心度为0.482，说明能区分民间信仰与迷信活动。④多数人赞同民间信仰活动“应该审批”、“应该加强财务监管”、“民间信仰组织应该合法化”，但同时大多数人又不愿成为组织者。

其次，分析敬拜财神或灶神、天公人群。分析过程、结果相同，不再赘述。

对比分析：将表11、表12、表13分别与表4、表5、表6对比，两者各项数值几乎完全一样（仅少数选项有不超过0.01的差值）。显示：敬拜三种神明的人群与有民间信仰总体，在活动方式、信仰原因、信仰心态等方面都没有差异。

(3) B_3：对“在家中祭拜”、“独自参加祭祀”、“就近活动”、“活动场面为10人以内”、“时间为1天以内”等5类重点人群，分别从“社会属性”、“信仰类别”、“信仰原因及途径”、“信仰心态”等四个方面，对其2-模子网进行中心性分析。

组网、分析方法同上。各项结果与B的总体分析结果完全一致，不再赘述。

分析显示：上述五种活动方式人群的各种情况与总体情况没有特殊差异。

(4) B_4：对“为保平安消灾避邪”、“为家人和自己身体健康”而信仰和“自发参与民间信仰”等3类重点人群，分别从“社会属性”、“信仰类别”、“祭祀活动”、“信仰心态”四个方面，对其2-模子网进行中心性分析。

分析方法、过程、结果都与B的分析完全吻合，不再赘述。

显示：出于“为保平安消灾避邪”、“为家人和自己身体健康”而信仰和“自发参与民间信仰”等3类重点人群的行为模式与有民间信仰群体总体的模式一致。唯一不同的是：出于“保平安消灾避邪”目的的信仰人群中，“天公”结点的点度中心度上升0.03，说明“保平安”的人更敬重“天公”。

(5) B_5：对持有“对生活现状很满意”、“对未来充满希望”、“遇到困难自己想办法解决”、“对民间信仰与精神文明的关系说不清楚”、“民间信仰没有不利影响”、“对神明合理就信”、“政府应对民间信仰活动严格审批”、“政府应对活动培训和监管”、“民间信仰财务应公开透明”、“民间信仰组织应该合法化”、“不愿当民间信仰组织者”等心态的11种重点人群，分别从“社会属性”、“神明类别”、“活动方式”、“信仰原因及途径”四个方面，对其各2-模子网进行中心性分析。

分析方法、过程、结论也都与B的分析完全一致。

结果显示：上述各种心态人群的各种行为模式与有民间信仰群体总体行为没有特殊差异。

5.3.1.4 社会网络Ⅰ的子网B的非重点人群校验分析

对有民间信仰群体总体和各种重点子群进行分析之后，为全面考察网络各种子群的特性，防止选择偏差，再分别从B_1、B_2、B_3、B_4、B_5中各选一个点度中心度小于0.2的边缘结点，将其相应的非重点小子群与事件模块交叉联结构成不同的子网，分别进行中心性分析，以校验其群体特性与B网络及各重点子群网络特性的差异性（图14）。

子网	选1个Degree<0.2的结点	相应的非重点小子群	人群与事件模块交叉群结组网	事件模块
B_1	高中以上学历（0.174）	高中以上学历人群（999人）		神明类别 活动方式 信仰原因及途径 信仰心态
B_2	天生老母（0.0620）	敬拜天生老母人群（242人）		社会属性 活动方式 信仰原因及途径 信仰心态
B_3	在村庙祭拜（0.083）	在村庙祭祀人群（324人）		社会属性 神明类别 信仰原因及途径 信仰心态
B_4	信仰是为了获得心灵安慰（0.097）	出于获得心灵安慰目的的人群（377人）		社会属性 神明类别 活动方式 信仰心态
B_5	对神明不可冒犯、无条件遵从（0.098）	认为神明不可冒犯、无条件遵从人群（525人）		社会属性 神明类别 活动方式 信仰原因及途径

图 14　B 的非重点小子群与事件模块交叉联结组网示意图

（1）B_1：对“高中以上学历”小子群，从“神明类别”、“活动方式”、“信仰原因及途径”、“信仰心态”四个方面对其子网进行分析。

先分析“神明类别”子网，得表 14：

表 14　高中以上学历人群的信仰不同神明的中心性分析

	Degree	Closeness	Betweenness
1. 孔子	0.025	1.500	0.003
2. 天公（玉皇大帝）	0.281	2.059	0.014
3. 关公（关圣帝君）	0.161	1.760	0.005
4. 玄天上帝（真武、玄武）	0.026	1.512	0.002
5. 祖先	0.481	2.850	0.056
6. 天生老母（无极老母、老娘、明明上帝）	0.051	1.537	0.000
7. 三清尊神或道祖（老子）	0.013	1.472	0.000
8. 泰山奶奶（碧霞元君）、泰山老爷（东岳）	0.007	1.472	0.000
9. 阿弥陀佛	0.026	1.500	0.002

续表

	Degree	Closeness	Betweenness
10. 文昌帝君或魁星	0.022	1.480	0.000
11. 弥勒佛	0.003	1.462	0.000
12. 济公	0.003	1.441	0.000
13. 财神（赵公明）、灶神	0.450	2.670	0.038
14. 观音菩萨（慈航道祖）	0.184	1.816	0.005
15. 土地公（福德正神）、山川神、社公	0.226	1.905	0.007
16. 行业神（鲁班、蚕神）	0.005	1.469	0.000
17. 动（植）物神明	0.012	1.422	0.000
18. 自然神（风神、冰神、雨神等）	0.002	1.440	0.000
19. 其他神明	0.005	1.407	0.001

由表14知：该子网的各项中心度和网络中心势，与B的分析结果完全一致，只是各项具体数值的绝对值略有下降。这与“高中以上学历”人群参与民间信仰活动比率不高有关，但对有民间信仰群体的总体特性分析无特殊影响。

同样的，对“高中以上学历”人群的“活动方式”、“信仰原因及途径”、“信仰心态”等的分析，过程、结果都与上相同，不再赘述。

分析显示：社会属性中非重点小子群的中心性与B的总体中心性完全一致。

(2) B_2：对“敬拜天生老母”的小子群，从“社会属性”、“活动方式”、“信仰原因及途径”、“信仰心态”四个方面对其子网进行分析。

先对“敬拜天生老母”人群的“活动方式”子网进行中心性分析，得表15。

表 15　敬拜“天生老母”人群的活动方式的中心性分析

		Degree	Closeness	Betweenness
祭拜地点	1. 家中	0.799	2.232	0.068
	2. 祠堂	0.008	0.983	0.000
	3. 村庙	0.098	1.088	0.004
	4. 寺观	0.008	0.983	0.000
	5. 室外广场	0.004	0.961	0.000
参与方式	1. 独自参加	0.458	1.463	0.019
	2. 结伴参加	0.182	1.158	0.007
	3. 人越多越好	0.015	1.013	0.000
	4. 从来不参加	0.261	1.234	0.006
活动范围	1. 就近参加	0.822	2.337	0.069
	2. 在本县范围	0.080	1.073	0.002
	3. 在本市范围	0.015	1.013	0.000
活动场面	1. 10 人以内	0.648	1.829	0.034
	2. 10～50 人	0.170	1.142	0.005
	3. 50～100 人	0.034	1.029	0.000
	4. 100 人以上	0.045	1.031	0.001
活动时间	1. 1 天以内	0.633	1.779	0.032
	2. 1～3 天	0.106	1.085	0.004
	3. 3～7 天	0.023	1.018	0.000
	4. 7～15 天	0.023	1.018	0.000
	5. 半个月以上 3 个月以内	0.034	1.021	0.000
	6. 3 个月以上 1 年以内	0.098	1.068	0.001

由表 15 知：该网的中心性与对有民间信仰群体的分析结果基本吻合，只是各项数值的绝对值略有下降。

同样的，对“敬拜天生老母”人群的“社会属性”、“信仰原因及途径”、“信仰心态”子网进行中心性分析，结果也完全相同，不再赘述。

分析显示：敬拜人数较少神明的群体与有民间信仰主流人群行为选择一致。

(3) B_3：对选择“在村庙祭拜”的小子群，从“社会属性”、“神明类别”、“信仰原因及途径”、“信仰心态”四个方面，分别对其子网进行分析。

先分析“在村庙祭拜”人群的“信仰心态”子网，得表16。

表16 选择“在村庙祭拜”人群的信仰心态的中心性分析

		Degree	Closeness	Betweenness
对当前生活态度	1. 很满意	0.496	1.549	0.012
	2. 比较满意	0.365	1.364	0.007
	3. 不太满意	0.039	1.044	0.000
	4. 很不满意	0.003	0.990	0.000
对未来生活期望	1. 充满希望	0.760	2.141	0.030
	2. 一般	0.136	1.129	0.001
	3. 心灰意冷	0.003	0.990	0.000
	4. 无所谓	0.003	0.990	0.000
遇到困难怎样	1. 自己想办法解决	0.641	1.816	0.022
	2. 求助神明帮助	0.042	1.048	0.000
	3. 求助政府相关部门	0.162	1.144	0.001
	4. 求助其他社会组织或个人	0.058	1.056	0.000
信仰与精神文明关系	1. 相互促进	0.462	1.501	0.010
	2. 相互排斥	0.061	1.048	0.000
	3. 说不清楚	0.379	1.385	0.009
占卜等是否为迷信	1. 属于	0.460	1.493	0.010
	2. 不属于	0.103	1.095	0.001
	3. 说不清楚	0.340	1.340	0.006
是否有隐患	1. 是	0.187	1.168	0.001
	2. 否	0.365	1.361	0.006
	3. 不了解	0.351	1.354	0.006

续表

		Degree	Closeness	Betweenness
造成的影响	1. 影响人际关系	0.192	1.184	0.001
	2. 影响社会安定	0.134	1.120	0.001
	3. 疏远家人感情	0.067	1.066	0.000
	4. 影响工作、学习	0.033	1.040	0.000
	5. 导致神魂颠倒	0.031	1.016	0.000
	6. 没有不利影响	0.657	1.847	0.023
是否应该对信仰活动审批	1. 是	0.638	1.822	0.017
	2. 否	0.265	1.256	0.004
是否应该对活动进行培训和财务监管	1. 是	0.618	1.780	0.016
	2. 否	0.284	1.277	0.004
财务是否应该公开透明	1. 是	0.682	1.947	0.022
	2. 否	0.220	1.197	0.002
是否应该成立固定的组织	1. 是	0.646	1.860	0.019
	2. 否	0.256	1.238	0.003

由表16知：该网的中心性与有民间信仰群体总体完全吻合，只是各项数值略有差异。

同样，对选择“在村庙祭拜”人群的“社会属性”、“神明类别”、“信仰原因及途径”等子网进行中心性分析，结果完全相同，不再赘述。

显示：在活动方式上属于小群体行为的人群，与有民间信仰群体主体的其他行为模式没有差别。

（4）B_4：对选择“信仰是为获得心灵安慰”小子群，从“社会属性”、“神明类别”、“活动方式”、“信仰心态”四个方面，分别对其子网进行中心性分析。

先分析“信仰是为了获得心灵安慰”人群的“社会属性”子网，得表17。

表17 “信仰是为获得心灵安慰”人群的社会属性的中心性分析

		Degree	Closeness	Betweenness
性别	1. 男	0.716	1.977	0.035
	2. 女	0.231	1.196	0.003
年龄	1.18 岁以下	0.001	0.336	0.000
	2.18 至 35 岁（不含 35）	0.131	1.103	0.001
	3.35 至 60 岁（不含 60）	0.653	1.820	0.028
	4.60 岁以上	0.163	1.132	0.002
学历	1. 高中以下学历	0.769	2.125	0.041
	2. 高中以上学历	0.178	1.152	0.002
婚姻状况	1. 未婚	0.008	1.003	0.000
	2. 已婚（初婚）	0.935	2.766	0.065
	3. 其他	0.005	0.999	0.000
职业	1. 干部、公务员	0.009	0.336	0.000
	2. 事业、学校、科研	0.008	1.004	0.000
	3. 农牧渔业	0.859	2.398	0.051
	4. 企业员工	0.018	1.009	0.000
	5. 自雇	0.038	1.028	0.000
	6. 无业	0.010	1.006	0.000
	7. 离退休	0.015	1.009	0.000
	8. 学生	0.001	0.334	0.000
	9. 其他	0.002	0.335	0.000
家庭年收入	1.5000 元以下	0.070	1.054	0.000
	2.5000～1 万元	0.204	1.163	0.002
	3.1 万～2 万元	0.324	1.291	0.006
	4.2 万～5 万元	0.319	1.283	0.006
	5.5 万～10 万元	0.030	1.018	0.000

由表17知：该网的中心性与有民间信仰群体总体分析完全吻合。

同样，对选择“信仰是为获得心灵安慰”人群的“神明类别”、“活动方式”、“信仰心态”等子网进行中心性分析，结果也完全相同，不再列表。

分析显示：无论出于什么信仰动因，有民间信仰群体的行为方式并无差异。

(5) B_5：对持有“神明不可冒犯、无条件遵从”小子群，从“社会属性”、“神明类别”、“活动方式”、“信仰原因及途径”等方面，分别对其子网进行分析。

先分析该子群的“活动方式”子网的中心性，得表18。

表18　持有“神明不可冒犯、无条件遵从”人群的活动方式的中心性分析

		Degree	Closeness	Betweenness
祭拜地点	1. 家中	0. 803	2. 197	0. 069
	2. 祠堂	0. 008	1. 000	0. 000
	3. 村庙	0. 128	1. 099	0. 003
	4. 寺观	0. 014	1. 008	0. 000
	5. 室外广场	0. 004	0. 962	0. 000
参与方式	1. 独自参加	0. 547	1. 602	0. 025
	2. 结伴参加	0. 219	1. 182	0. 007
	3. 人越多越好	0. 060	1. 049	0. 001
	4. 从来不参加	0. 124	1. 098	0. 001
活动范围	1. 就近参加	0. 818	2. 255	0. 063
	2. 在本县范围内	0. 095	1. 078	0. 002
	3. 在本市范围内	0. 039	1. 035	0. 000
活动场面	1. 10 人以内	0. 605	1. 708	0. 030
	2. 10～50 人	0. 174	1. 141	0. 005
	3. 50～100 人	0. 035	1. 033	0. 000
	4. 100 人以上	0. 135	1. 107	0. 003
活动时间	1. 1 天以内	0. 691	1. 882	0. 042
	2. 1～3 天	0. 126	1. 098	0. 003
	3. 3～7 天	0. 035	1. 029	0. 000
	4. 7～15 天	0. 033	1. 027	0. 000
	5. 半个月以上 3 个月以内	0. 027	1. 020	0. 000
	6. 3 个月以上 1 年以内	0. 037	1. 021	0. 000

由表18知：该子网的中心性与有民间信仰群体总体分析完全吻合。

同样，对持有“神明不可冒犯、无条件遵从”人群的“社会属性”、“神明类别”、“信仰原因及途径”等子网进行中心性分析，结果完全相同，不再赘述。

显示：即使是对神明“无条件服从”的崇拜人群，在各种行为模式上与整体和其他群体也无特殊差异。

综上，校验结果说明：对有民间信仰群体总体特性的分析结论，对“社会属性”、“信仰类别”、“祭祀活动”、“信仰原因及途径”、“信仰心态”等各种不同情况都是适用的。即是说，各种不同情况信众群体的行为方式没有特殊差异。

5.3.2 社会网络Ⅱ的计算与分析

社会网络Ⅱ是所有事件联结构成的1－模网络。

第一，分析网络的凝聚性。用Ucinet程序得出事件结点之间的关联矩阵 $C = A^TA$，再用此软件对网 C 使用“强关联”（指网络中任何两点都能双向相联，即能从某一点到另外一点，也能反过来从另外一点到这个点），则得到网络所含成分：

1 components found.（组成分类）

Component（组成）	Nodes（点数）	Proportion（比例）
1	135	1.000

计算结果显示，网络中结点的成分构成只有一类，包含所有135个结点，说明各结点的关系是平等的，因此，调查中涉及的民间信仰所有事件之间的联系都是紧密的、关系都是平等的。

第二，分析网络的中心性。首先，对矩阵 C 用Ucinet软件计算各事件结点的点度中心度及标准中心度，则知：“已婚”、“农牧渔职业”、“对未来充满希望”、“高中以下学历”、“就近参加祭祀活动”等10个结点的点度中心度较高，在网络中有集中趋势。（见表19）

表 19　各事件结点的点度中心度排序（前 10 位）

事件结点	点度中心度（Degree）	标准中心度（NrmDegree）
2. 已婚（初婚）	138406.000	23.990
3. 农牧渔业工作者	125436.000	21.742
1. 对未来充满希望	120649.000	20.912
1. 高中以下学历	114854.000	19.908
1. 就近参加祭祀活动	108588.000	18.822
1. 在家中敬拜	105807.000	18.340
1. 男性	104559.000	18.124
1. 信仰是为保平安、消灾避邪	98478.000	17.069
6. 民间信仰没有不利影响	97709.000	16.936
3. 35 至 65 岁	96871.000	16.791

其次，用 Ucinet 软件计算各事件结点的中间中心度及标准中间中心度，则知：以下结点的中间中心性较高（见表 20），说明这些事件在民间信仰网络中起着纽带、桥梁作用。

表 20　各事件结点的中间中心度排序（前 10 位）

事件结点	中间中心度（Betweenness）	标准中间中心度（nBetweenness）
2611. 民间信仰活动应进行审批	18.906	0.222
242. 民间信仰不产生民事纠纷、治安刑事案件	18.850	0.221
233. 民间信仰与精神文明不互相排斥	18.825	0.221
1. 活动场面在 10 人以内	18.377	0.216
1. 信仰原因是为保平安、消灾避邪	18.364	0.216
1. 信仰途径是自发参与	18.310	0.215
1. 遇到困难自己想办法解决	18.302	0.215
1. 对生活现状很满意	18.154	0.213
1. 独自参加活动	17.899	0.210
1. 对未来充满希望	17.898	0.210

最后，用Ucinet软件计算出各事件结点的接近中心度及标准接近中心度，可知：以下事件的接近中心度数值较高（见表21）。

表21 各事件结点的接近中心度排序（前10位）

事件结点	接近中心度（Farness）	接近中间中心度（nCloseness）
1. 信仰原因是为保平安、消灾避邪	132.000	99.242
2611. 对民间信仰活动应进行审批	132.000	99.242
6. 民间信仰没有不利影响	132.000	99.242
2621. 政府应对民间信仰活动进行培训和财务监管	133.000	98.496
1. 把民间信仰视为公益宣传的机会	133.000	98.496
2631. 民间信仰活动的财务应公开透明	133.000	98.496
13. 财神或灶神	133.000	98.496
233. 民间信仰与精神文明不互相排斥	133.000	98.496
1. 男性	133.000	98.496
2641. 民间信仰组织应该合法化	133.000	98.496

通过以上对点度中心度、中间中心度、接近中心度的综合分析，得知：①“已婚（初婚）”、“农牧渔职业”、“高中以下学历”、“就近参加祭祀活动”、“在家中祭祀”、“男性”、“信仰是为保平安、消灾避邪”、“认为民间信仰没有不利影响”、“35至65岁”等事件为网络中的重要结点，这些事项与民间信仰关联度最高。②“民间信仰活动应该严格审批”、“政府应对民间信仰进行培训和财务监管”、“民间信仰财务应该公开透明”、“民间信仰应该成立固定的合法组织、以社会法人的身份参与社会事务管理”、“民间信仰不产生民事纠纷、治安和刑事案件”、“民间信仰与精神文明不互相排斥”、“活动场面在10人以内”、“自发参与活动”、“通常独自参与活动”、“民间信仰活动可称为公益宣传的平台”、“女性”等事件在网络中处于桥梁地位，且处于核心地位，提示：这些因素对民众参与民间信仰活动有重要的影响，政府加强对这些“枢纽”结点的引导和管理，会

收到事半功倍的效果。

5.3.3 社会网络Ⅲ的计算与分析

社会网络Ⅲ是民间信仰信众群体组成的1-模网络。由矩阵可知，在信众群体中，选择不同事件的人群排在前10位的人数（见表22）。

表22 民间信仰信众群体选择不同事件的人数排序（前10位）

序号	人数
10. 已婚（初婚）	3788
57. 就近参加祭拜	3571
48. 在家中祭拜	3458
14. 农牧渔业职业	3441
102. 对未来充满希望	3286
75. 信仰是为保平安消灾避邪	3210
7. 高中以下学历	3193
61. 场面在10人以内	3095
65. 活动时间1天以内	2901
32. 敬拜祖先	2889

在前文社会网络Ⅰ分析中，已基于2-模网络，对民间信仰信众群体上述不同选项的情况进行过计算分析。这里再就社会网络Ⅲ的1-模网络进行计算分析。

第一，分析网络的凝聚性。把2-模网络矩阵 $B_{3865\times135}$ 利用Ucinet软件转化为1-模网络矩阵 $E = B^{T}B$，得到“事件—事件”的关联矩阵。再用Ucinet软件对此网络使用强关联，得出网络含有的成分：

6 components found.（组成分类，共6类）

Component（组成号）	Nodes（结点数）	Proportion（所占比例）
1	130	0.963
2	1	0.007
3	1	0.007
4	1	0.007

5	1	0.007
6	1	0.007

每个成分所包含的结点为（第一列为事件结点，第二列为相应结点所属成分）：

NODE（结点）	COMPONENT（所属成分）	
男	1	共130个结点
……	……	
未婚	2	
其他	3	
学生	4	
没有	5	
目前没有民间信仰但以后会有	6	

由以上成分计算结果可知：该群体网络由6个成分构成，成分1由男、女等130个事件结点组成，另外5个成分分别为“未婚、婚姻状况中的其他、学生、没有民间信仰、目前没有民间信仰但以后会有”等事件。这就是说，从网络的凝聚性看，“未婚、婚姻状况中的其他、学生、没有民间信仰、目前没有民间信仰但以后会有”等事件是网络中的独立结点，与其他结点没有联系；而其余130个事件结点之间关系紧密。

第二，分析网络的中心性。首先，用Ucinet软件计算社会网络Ⅲ的“事件—事件”1－模网络矩阵的点度中心度和标准点度中心度，排在前10位的见表23。

表23　民间信仰信众群体选择的各事件的点度中心度排序（前10位）

事件结点	点度中心度（Degree）	标准点度中心度（NrmDegree）
2. 已婚（初婚）	118949	23.434
1. 就近参加活动	109855	21.642

续表

事件结点	点度中心度（Degree）	标准点度中心度（NrmDegree）
3. 农牧渔业从业者	106323	20.947
1. 对未来充满希望	101495	19.995
1. 信仰为保平安、消灾避邪	99800	19.661
1. 高中以下学历	98280	19.362
1. 活动场面在10人以内	94743	18.665
5. 敬拜祖先	89318	17.596
1. 祭祀时间在1天以内	88958	17.525
6. 民间信仰没有不利影响	88500	17.435

其次，用Ucinet软件计算社会网络Ⅲ的1－模网络矩阵各事件结点的接近中心度及标准接近中心度，排在前10位的见表24。

表24　民间信仰信众群体选择的各事件的接近中心度排序（前10位）

事件结点	接近中心度（Farness）	标准接近中心度（nCloseness）
2. 已婚（初婚）	804.000	16.667
1. 民间信仰活动应进行审批	805.000	16.646
1. 信仰是为保平安、消灾避邪	805.000	16.646
1. 高中以下学历	806.000	16.625
1. 民间信仰应该财务公开透明	806.000	16.625
2. 天公（玉皇大帝）	806.000	16.625
13. 财神、灶神	806.000	16.625
2. 信仰是为让家人或自己身体健康	806.000	16.625
2. 女性	806.000	16.625
1. 对未来充满希望	807.000	16.605

最后，用Ucinet软件计算社会网络Ⅲ的1－模网络矩阵各事件结点的中间中心度，排在前10位的事件结点见表25。

表 25 民间信仰信众群体选择不同事件的中间中心度排序（前 10 位）

事件结点	中间中心度（Betweenness）	标准中间中心度（nBetweenness）
2. 已婚（初婚）	22.331	0.251
1. 民间信仰活动应该审批	22.169	0.249
1. 活动场面在 10 人以内	21.623	0.243
1. 对生活状态很满意	21.277	0.239
1. 对未来充满希望	21.003	0.236
2. 女性	20.689	0.232
1. 信仰是为保平安、消灾避邪	19.251	0.216
3. 占卜、相面、算命、看风水是迷信	19.036	0.214
2. 民间信仰不会产生民事纠纷、治安刑事案件	18.989	0.213
1. 独自参加祭祀活动	18.757	0.210

综上分析，可知：在民间信仰信众群体网络中，已婚、农牧渔职业者、高中以下学历为重点人群；对未来充满希望者，为保平安、消灾避邪，认为民间信仰没有不利影响是参与主要原因；敬拜的神明集中在祖先、天公、财神或灶神；通常独自参加活动、场面在 10 人以内、祭祀时间 1 天以内；能区分民间信仰与迷信活动；赞成对民间信仰加强监管。这些都与 2 – 模网络分析相一致。唯一区别的是，在此 1 – 模网络中，"女性"事件的中间中心度和接近中心度都很高，说明在纯粹事件与事件之间，女性因素是对外交往或者信息控制更广阔的因素。

5.3.4 社会网络Ⅳ的计算分析

社会网络Ⅳ分别为敬拜祖先、敬拜财神或灶神、敬拜天公的 3 个人群网络。在社会网络 I 分析中，我们已经对其 2 – 模网态的网络进行过分析。这里，再分别分析其"事件—事件"之间的 1 – 模网络的凝聚性和中心度。

5.3.4.1 社会网络Ⅳ-1：敬拜祖先群体

通过 Excel 从 B 中筛选出敬拜祖先人群的数据矩阵 $F_{3865\times135}$，再用 Ucinet 软件将此 2-模网络转化成事件之间的 1-模网络。

第一，分析网络的凝聚性。用 Ucinet 软件得出该网络事件结点之间的关联矩阵，对此网络使用强关联，得出如下结果：

Component（成分）	Nodes（结点数）	Proportion（所占比例）
1	127	0.941
2	1	0.007
3	1	0.007
4	1	0.007
5	1	0.007
6	1	0.007
7	1	0.007
8	1	0.007
9	1	0.007

每个成分所包含的结点（第一列为事件结点，第二列为相应结点所属成分）：

NODE（结点）	COMPONENT（所属成分）
男	1 ⎫ 共127
……	…… ⎭ 个结点
未婚	2
其他	3
宗教	4
学生	5
没有敬拜的神明	6
跨省参加	7
没有	8
目前没有民间信仰但以后会有	9

由以上成分计算结果可知：该网络由 9 个成分构成，其中成分 1

由男、女等127个事件结点组成，另外8个成分分别是“未婚、婚姻状况中的其他、宗教教职人员、学生、没有敬拜的神明、跨省参加祭祀活动、没有民间信仰、目前没有民间信仰但以后会有”等事件结点。因此，从网络凝聚性看，“未婚、婚姻状况中的其他、宗教教职人员、学生、没有敬拜的神明、跨省参加祭祀活动、没有民间信仰、目前没有民间信仰但以后会有”等8个事件是网络中的独立点，与其他的事件结点的联系甚少，而其余127个事件结点关系紧密，彼此之间相互联系。

第二，分析网络的中心性。运用与社会网络Ⅲ分析同样的方法，分别计算该网络各结点的点度中心度、中间中心度、接近中心度（过程不再赘述），综合分析可得结论：在敬拜祖先的群体网络中，高中以下学历、信仰是为保平安和消灾避邪、就近参加祭祀活动、对未来生活充满希望、希望政府加强监管等事件是重要结点。

5.3.4.2 社会网络Ⅳ－2：敬拜财神或灶神群体分析

通过 Excel 从 B 中筛选出敬拜财神或灶神人群的数据矩阵 $G_{2650\times135}$，再用 Ucinet 软件将此2－模网络转化成1－模网络。

第一，分析网络的凝聚性。用 Ucinet 软件得出该网络事件结点之间的关联矩阵，对此网络使用强关联，得到如下计算结果：

Component（组成）	Nodes（结点数）	Proportion（所占比例）
1	128	0.948
2	1	0.007
3	1	0.007
4	1	0.007
5	1	0.007
6	1	0.007
7	1	0.007
8	1	0.007

每个成分所包含的结点（第一列为事件结点，第二列为相应结点所属组分）：

NODE（结点）	COMPONENT（所属成分）	
男	1	共128个结点
……	……	
未婚	2	
其他	3	
宗教	4	
学生	5	
其他	6	
没有	7	
目前没有民间信仰但以后会有	8	

由以上计算结果得知，该网络由8个成分构成：成分1由男、女等128个事件结点组成，其余7个成分由“未婚、婚姻状况中的其他、宗教人员、学生、参加祭祀活动持续的时间为其他、没有民间信仰、目前没有民间信仰但以后会有”事件结点组成。从网络凝聚性看，“未婚、婚姻状况中的其他、宗教人员、学生、参加祭祀活动持续的时间为其他、没有民间信仰、目前没有民间信仰但以后会有”等7个事件是网络中的独立点，与其他事件联系较少，而其余128个事件结点关系紧密。

第二，分析网络的中心性。运用与社会网络Ⅳ－1相同的分析方法，计算网络所有结点的点度中心度、中间中心度、接近中心度（过程不再赘述），可得综合结论：在敬拜财神或灶神的群体网络中，“信仰是为了保平安和消灾避邪、为让家人或自己健康，对未来生活充满希望，高中以下学历，民间信仰财务应该公开透明，民间信仰组织应该合法化，政府应依法对民间信仰审批”等结点是中心结点。

5.3.4.3 社会网络Ⅳ－3：敬拜天公群体分析

通过Excel从B中筛选出敬拜为天公人群的数据矩阵$H_{1510\times135}$，再用Ucinet软件将此2－模网络转化成1－模网络。

第一，分析网络的凝聚性。利用Ucinet软件得出该网络事件结点之间的关联矩阵，对此网络使用强关联，得到如下计算结果：

Component（组成号）	Nodes（结点数）	Proportion（所占比例）
1	128	0.948
2	1	0.007
3	1	0.007
4	1	0.007
5	1	0.007
6	1	0.007
7	1	0.007
8	1	0.007

每个成分所包含的结点（第一列为事件结点，第二列为相应结点所属组成）：

NODE（结点）	COMPONENT（所属成分）	
男	1	共128个结点
……	……	
未婚	2	
其他	3	
学生	4	
跨省参加	5	
其他	6	
没有	7	
目前没有民间信仰但以后会有	8	

由上述成分计算结果可知，该网络由8个成分构成：成分1由男、女等128个事件结点组成，其他7个成分为“未婚、婚姻状况中的其他、学生、跨省参加祭祀活动、参加祭祀活动持续的时间为其他、没有民间信仰、目前没有民间信仰但以后会有”。从网络凝聚性看：“未婚、婚姻状况中的其他、学生、跨省参加祭祀活动、参加祭祀活动持续的时间为其他、没有民间信仰、目前没有民间信仰但以后会有”等7个事件是网络中的独立点，与其他事件联系较少，而其余128个事件结点关系紧密。

第二，分析网络的中心性。运用与社会网络Ⅳ-1相同的分析方法，分别计算网络所有结点的点度中心度、中间中心度、接近中心度（过程不再赘述），可得综合结论：在敬拜天公的群体网络中，“女性，信仰是为保平安和消灾避邪、让家人或自己健康，对未来生活充满希望，高中以下学历，民间信仰财务应该公开透明，政府应该依法对民间信仰活动进行审批，民间信仰与精神文明不互相排斥”等为中心结点。

以上对民间信仰网络的分析中，需要说明的是：由于民间信仰具有多样性，信众的神明选择也具有多重性，在进行网络分析时，网络所用数据会交叉涵盖、交叉运用，比如敬拜祖先的群体与敬拜财神的群体就形成交集，但从社会网络分析角度看，这并不妨碍得出科学结论。

5.4 综合分析结论

综合冀南地区民间信仰抽样调查和社会网络定量分析，对民间信仰信众群体结构特性与社会系统的互动关系得出以下结论：

5.4.1 民间信仰人口比例很高，信众结构涵盖各行各业

调查显示，民众参与民间信仰比较普遍，民间信仰具有很强活泼性。总体分布：被调查5100人，3865人有民间信仰，信众比为75.78%。其中，男性3793人，有民间信仰2815人，男性信众比74.22%；女性1307人，有民间信仰1050人，女性信众比80.34%，高于男性6.12个百分点。有民间信仰群体中，已婚3788人，占98%。民间信仰具有普适性，无论何种社会属性人群都易与民间信仰发生联系，但信众结构中最显著的社会属性为：已婚（初婚）、农牧渔业职业、高中以下学历、男性、年龄在35岁至60岁。

职业结构：各行业参与人数都超六成，越是社会人员，越是与民间信仰亲近。不同职业有民间信仰群体占信仰总人数的比例从高到

低依次为：农牧渔业工作者占89.02%、自主就业人员占4.23%、企业员工占2.43%、事业单位和科研院所员工占1.26%、无业人员占1.13%、党政干部和公务员占0.87%、离退休人员占0.8%、其他职业人员占0.18%、在校学生占0.1%、宗教教职人员占0.02%。农牧渔业人员占绝大多数，在校学生比率最低（宗教人员1人不具代表性）。

教育结构：初中62.27%、小学16.68%、高中16.81%、未受正规教育3.64%、大专以上0.56%，信众群体大多是初中文化程度。另，学历从低到高的信众比率分别是：0.75、0.78、0.77、0.68、0.44，显见：学历高低与参与民间信仰成反比，随着受教育程度的提高，有民间信仰的比率呈减小趋势。

年龄结构：45岁到55岁占32.44%、55岁到65岁占27.24%、35岁到45岁占21.39%、25岁到35岁占9.46%、65岁以上占7.89%、18岁到25岁占1.42%、18岁以下占0.12%，信众集中在35岁至65岁年龄区间，最集中是45岁到55岁之间。另，18岁以上年龄从低到高的信众比率分别是：0.52、0.61、0.74、0.79、0.79、0.81，可见：人员年龄与参与民间信仰成正比。

经济结构：家庭年收入在1万到2万元之间的占4成，1万元以下的贫困家庭（按2011年国家新标准人均年收入2300元以下为贫困人口）占3成，2万元以上的也占3成（以2013年全国农民人均收入7917元为标准，2万元以上可算是中等以上水平）。另，不同家庭年收入的信众比率为：10万元以上88.88、5万到10万元81.95、2万到5万元78.38、1万到2万元77.65、5000到1万元72.42、5000元以下70.01。说明：参与民间信仰者大多数并非经济贫困者。并且，收入多少还与参与民间信仰成正比趋势，随着经济收入提高，参与民间信仰的可能性越大。

5.4.2 民间信仰对象多样化世俗化，活动方式地域化生活化

网络分析显示，民间信仰常见的19种神明在调查人群中都有祭

拜，各种神明与信众的联系都是平等的、畅通的。敬拜人群集中的是祖先、财神或灶神、天公、观音菩萨，分别有2893人、2704人、1539人和972人。祖先、财神或灶神、天公3种神明在民间信仰群体中具有代表性。

民间信仰活动时空有限、规模较小，呈现出家庭性、分散性、随意性。选择在家中祭拜的占绝大多数，有3459人，占89.5%；另有，在村庙祭拜的323人，占8.4%；在祠堂祭拜的31人，占0.8%；在室外广场祭拜的33人，占0.9%；在寺观祭拜的19人，占0.4%。选择在“10人以内”的有3096人，占80.1%；在10~50人的有363人，占9.4%；在50~100人的有125人，占3.2%；在100人以上的有281人，占7.2%。活动地点九成以上都是“就近”。持续时间通常在3天以内，7成以上的人选择在1天以内。

网络分析表明：“就近参加”的度数中心度为0.923，基本上代表了信众的普遍倾向；“独自参与”的度数中心度很高，“结伴参加”和“人越多越好”的度数中心度很低，说明信众倾向独自敬拜、很少结伴；“跨省活动”的接近中心度为0，说明在本地范围内活动为最大极限。

研究显示：无论民间信仰的崇拜对象，还是祭祀方式，都与信众日常生活融合在一起，呈现出随意、简易、个性化的行为方式。

5.4.3 民间信仰动因单纯善良，信众心态积极健康

在民间信仰原因9个选项中，3215人选择“保平安、驱邪避灾”，2793人选择“让家人或自己身体健康”，930人选择“希望事业或者学业顺利”，378人选择“获得心灵安慰”，285人选择“追求真理或智慧”，278人选择“增强家族感情”，只有97人选择“将来入天堂或超生”。

信众参与民间信仰大都自发自愿，没有组织性、强制性。调查中，选择“自发参与”的占有民间信仰人群的72.1%；选择“跟随亲属信仰”的占23.9%；选择“朋友介绍”的占2.2%。通过“信众宣传”而受到影响的仅占1.8%。选择“独自参加活动”的有

2288人，占59.2%；结伴参加的有852人，占22.1%；喜欢人越多越好的有79人，只占2.0%。还有646人从来不参加民间信仰活动，占有信仰人群的16.7%，说明有相当一部分人纯属精神活动。而九成以上的人不愿意成为民间信仰活动的组织者。

网络分析表明："保平安、消灾避邪"、"让家人或自己身体健康"、"自发参与"是有民间信仰人群参与民间信仰的决定性因素。不同社会属性和信奉不同神明的群体，在民间信仰的原因、途径、活动方式方面都没有特殊的差异。网络分析还显示：对生活现状很满意、对未来充满希望，是大多数人参与民间信仰时所持有的普遍心态。

5.4.4 信众对待神灵态度理性，对民间信仰看法正向

信众对神灵并无盲目崇拜态度。47%的人"将其作为人生参考、合理就信"，35%的人对其"半信半疑"，33%的人"不相信、拜一拜也无妨"（上述三项有交叉）；3.4%的人选择"冒犯也无所谓"；只有13%的人选择"神明不可冒犯、无条件遵从"。在回答"生活中遇到困难怎么办"的问题时，选择"自己想办法解决"的占84.3%，选择"求助政府部门"的占27.8%，选择"求助其他社会组织或个人"的占4.7%，只有1.2%的人选择"求助神明帮助"。

信众普遍认为民间信仰对社会有益无害、参与民间信仰没有不利影响。在回答"对民间信仰和建设文明的关系看法"时，占37.5%的人认为是"相互促进"，54%的人选择"说不清楚"，而认为"两者之间有相互排斥关系"的只占3.1%。在对"民间信仰与社会稳定关系"的看法上，只有18.6%的人认为"民间信仰活动会产生民事纠纷、治安或刑事案件的隐患"，有37.7%的人认为"不会"，有43.7%的人选择"不了解"。信众还普遍认为民间信仰为经济社会发展提供了更好的平台和机会，26.76%的人认为是"公益宣传"的机会，28.74%的人选择"商贸活动"，51.53%的人选择"信息交流"，16.10%的人选择"时事政策宣传"。

网络分析显示："民间信仰没有不利影响"、"不会引发隐患"是

网络的控制结点，是参与民间信仰的决定因素。有 5 成信众认为“占卜、相面、算命、看风水等现象属于封建迷信”，能区分民间信仰与迷信活动；但也有 4 成的人对此“说不清楚”，说明民间信仰活动中往往夹杂着迷信活动，民众不易区别，这更彰显了民间信仰规范化管理的必要性和迫切性。

5.4.5 信奉不同神灵群体特点各异，对加强管理普遍认同

第一，不同民间神明，信仰的人数不同。民间信仰总的来说分为三种类型：一是人物崇拜，如对祖先、圣人、伟人崇拜等；二是神灵崇拜，如对财神、灶神、天公、土地爷、菩萨、门神等崇拜；三是自然物崇拜，如风神、雨神、龙王、雷公等崇拜。目前看，信奉第一类神明的人数最多，第二类次之，第三类较少。制定社会治理政策时，应重点关注前两类人群。而对第三类人群，人数较少，比较分散，不宜采取一锅煮的措施，避免小题大做。

第二，信仰不同神明的人群，对未来生活的期望不同。网络分析表明：信仰第一类神明的人群，大部分对未来生活充满希望，特别是男性、高中以下学历人群，对未来生活的期望指数更高；而信奉第二类神明的人群中，虽然对未来生活充满期望的人仍占多数，但对生活心灰意冷的人的比率较之第一类明显升高。

第三，无论信仰哪种神明的人群，无论是有民间信仰还是其他群众，都希望并支持政府加强对民间信仰的管理。问卷调查显示，有 56.2% 的人支持“政府依法对民间信仰活动进行审批”；53.2% 的人支持“应该由政府对民间信仰活动进行培训和财务监管”；74.8% 的人认为“民间信仰活动财务应该公开透明”；57.7% 的人认为“民间信仰组织应该成立固定的合法组织，以社会法人的身份参与社会事务管理”。

研究提示：应该将具有较高中心度和凝聚性的结点作为管理的重点，也就是说，在群体上，要特别关注已婚人群、低文化程度人群、从事农牧渔业和个体职业人群，35 至 65 岁人群及男性人群；在

活动上，要关注地域性、家族性；在管理环节上，应特别重视民间信仰组织的合法性、活动的严格审批以及财务管理及公开透明等问题。

归纳起来，实证研究表明：作为中国民众（包括草根和精英阶层）的一种生活方式、习俗传统、崇拜体系，民间信仰兼容了两种交叉演进的发展走向：一是礼仪化、人文化的发展走向。这种走向使得它和文化“大传统”或者说官方正统的祭祀（如黄帝陵祭拜、孔庙祭拜、英雄祭拜等）有着密切的关系，在观念形态上吸纳大量精英的知识和思想，在文化空间中允许大量制度化宗教的内生性仪式在场（如道士或和尚举办的民间信仰仪式）。二是数术化、巫术化的发展走向。这种走向使得它又同“小传统”文化有密切的交集，吸纳了大量民俗的成分，形成各类“依附性的宗教仪式”，如抽签、占卜等功利性的信仰形态。因此，在地方精英和仪式专家（比如拜经团体、老人协会等）的操持下，民间信仰的“社会关系网络”也自然地形成和发展着，或继续保持着自然自在的状态，或衍生为组织上的文化自觉。事实上，民间信仰尽管充满着多样性，并经常处于“百姓日用而不知”的自在状态，但实质上也是有组织的，只是有“弱组织”和“强组织”的不同而已。站在社会网络的角度看，民间信仰形态其实是由一系列多层次的社会网络关系，如信仰个体、地方精英、血缘家族、地缘帮群、社区团体、业缘组织、宗教祭祀组织以及地方政府等建构和维系的。在中国从单位社会走向公民社会的过程中，民间信仰团体的发展，无论是自愿性的还是义务性的，都越来越具有自治化的民间组织和非政府组织的典型特征与发展趋势。

第6章 民间信仰的管理策略创新

党的十八届三中全会《关于全面深化改革若干重大问题的决定》要求：推进国家治理体系和治理能力的现代化，创新社会治理方式，发挥政府主导作用，鼓励和支持社会各方面参与，实现政府治理与社会自我调节、居民自治良性互动，为民间信仰管理创新指明了方向。政府创新民间信仰管理策略，必须坚持社会治理方向，创建社会治理新模式，解决好认识回归、角色转换、法治建构三个问题。

6.1 回归对民间信仰社会地位和作用的理性认识

客观公正地理性认识民间信仰，是制定民间信仰管理策略的前提。目前对民间信仰存在一些“习惯性”认识误区，主要是：将民间信仰简单地等同于封建迷信活动，视民间信仰的组织和群体为政权稳定的潜在威胁力量，认为民间信仰活动的兴盛是对现代社会秩序的破坏。由于这些观点对民间信仰基本持否定态度，因而在管理上以限制活动、限制发展为主要思路和手段。还有另外一种极端的态度，就是只看重民间信仰所带来的地方利益、经济利益，过度强调对其体现出来的传统习俗的扶持提倡，使其畸形疯长。这两种观点都带主观偏见，不符合民间信仰实际，无法正确指导管理实践。因此，对民间信仰必须坚持实事求是，回归理性认识。

6.1.1 清醒认识民间信仰具有旺盛的生命力

民间信仰根源于农耕社会，运行于社会民间，经历几千年生生不息，足以说明其拥有着深厚的历史基础和广泛的群众基础。数千年来，各种神明的流传与布教，早已与民众的社会生活和精神活动紧密地联结在一起，有着无法分割的血脉联系，在潜移默化中建构了民族固有的价值理性和文化结构。若以迷信视之，完全抹杀了先民们赖以生存的文化智慧，实质就是对历史和文化的自我否定。民间信仰是人类重要的心灵活动与文化形态，代表着民众集体的生存智慧和宗教需求，无法被科学所代替。民间信仰与大众同生存，与时代共发展，在经历现代文明的洗礼中，凭借深厚的历史内涵和顽强的生命力，随着时代的进步而不断嬗变，其中所蕴含的积极因素和消极因素也随之分化，大部分传统民间信仰已演变成无害甚至有益的文化事象。不可否认，一些民间信仰中也包含着不利于现代社会发展的因素，甚至是有悖于现行的法律和公认的道德；特别是，由于民间信仰的草根性、松散性、非官方性、非正统性，往往易被非法利用，对社会稳定构成潜在威胁。但是，这都需要通过法治精神和法律程序加以解决，而非通过意识形态进行抨击和打压。站在人类文明进程历史发展的角度，必须认识到，由于生产力水平和人类认识水平的限制，人们永远会面临孤独、痛苦、恐惧等生存困惑，在这种情况下，人们会求助于神灵的威力控制这些异己力量，以满足自己的愿望。尤其在社会急剧转型的进程中，民众的“无所适从”使他们更渴望从信仰中寻求慰藉。这种民众的精神空间构建，使民间信仰得以广泛传播且不断发展。

6.1.2 客观评估民间信仰的社会价值

一个成熟的社会必须要有秩序，而秩序的基础就是安顿人的心灵，构建精神的秩序。托克维尔指出：“离开了宗教，自由的秩序是不可能的。”[①] 民间信仰是中华民族从远古一路走来的文明要素，中国本土的世界观、生活态度、信仰价值、象征符号，已成为当今中国民众日常生活的重要内容，是嵌入中国社会结构的精神秩序。作为一种具有宗教性质的文化力量，它既能以普遍的价值法则影响社会成员，又能以其基于非正式规则基础之上的软约束力量规范民众言行、维持社会秩序。正如台湾学者郑志明所说：民间信仰神明崇拜的价值，一是追求人与宇宙的统一性，二是追求人与身心的统一性，三是追求人与社会的统一性。[②] 目前，中国社会正经历着前所未有的社会巨变，数以亿计的农民离开了生养的土地、带着乡愁的乡村、熟悉的群体，很多人成为精神上的“流浪者”，民间信仰毫无疑问地为民众提供着精神与社会关系的支持。实证研究表明：民间信仰已成为当前广大民众追求幸福生活的一种精神寄托和实践体验。多年来社会上存在一个认识误区，即错误地认为收入水平和幸福感是成正比的，但实际上两者是一种复杂的动态相关关系。据世界银行统计，对收入在1万美元以下的人来说，一旦收入增加，幸福感随之提升；而对收入水平在1万美元以上的人来说，幸福感并不会随着收入的提高而提升。本课题所做的社会网络分析也印证：随着收入水平的提高，人们的民间信仰倾向会趋于强烈。据“2014中国改革再出发”财经中国年会预计：今后十年，我国人均收入水平将从目前的6000美元上升到1.2万美元（《中国网》2014年3月13日报道）。可以预见，民间信仰必将进入新的活泼期，在社会生活中越来越占有重要地位。

6.1.3 高度重视民间信仰与社会主流价值相契合的发展趋势

作为“小传统”的民间信仰植根于“大传统”之中，其所蕴含的思想顺应社会主流思想意识，既是其得以生存的重要基础，也是其赖以发展的重要依靠。在新的历史时期，民间信仰主动调适其自身与

---

① ［法］托克维尔，论美国的民主［M］．北京：商务印书馆，1988，第374页。

② 郑志明，民间信仰与仪式［M］．台北：文津出版社有限公司，2010，第6页。

国家权力和社会系统的关系，出现了更多的普适化、世俗化等符合时代发展规律的变化，以更好维持自身的独立存在和发展。在田野调查中，观察到很多这样的实例，即民间信仰活动在举行仪式时诵读的祭文中，无不开宗明义地称赞党和政府的领导英明，对当前开明政策、人民生活幸福、社会繁荣发展非常认同、大加称颂。不难看出，尽管官方对民间信仰“态度暧昧”，但民间信仰无时无刻不在进行着迎合官方主流意识形态的努力。虽然从意识形态来看，民间信仰难以与国家主流意识完全相符，但作为社会意识的组成部分、传统文化的重要载体，民间信仰有其积极合理的因素存在其中，并随社会主流价值观的改变不断对自身进行调整，以期能够得到主流价值的认同。应看到，民间信仰本意善良，所宣扬的各种伦理道德价值体系对于弘扬优秀传统文化、促进社会主义精神文明建设具有很大补充作用。充分认识民间信仰与社会主义相适应、与社会主流价值相一致的一面，对其正向功能加以扶持借重发挥，是社会治理的需要，也是以人为本，有效回应信众及普通民众心理期待的需要。

6.1.4 充分认识民间信仰在社会治理中的主体地位

社会治理是全社会共同治理，全体社会成员都是社会治理的主体。民间信仰的存在是以大量群众的信奉为前提的，其之所以能够成为重要的社会力量，在社会上产生重大影响，也正是因为它影响着广大的群众。观察处理民间信仰问题，必须认清它的广泛的群众性。从根本上讲，正确认识和对待民间信仰，就是正确对待群众的问题。按照马克思主义的观点，宗教信仰是思想认识问题，“信教和不信教以及信仰不同宗教的群众，他们在这种信仰上的差异是比较次要的差异，他们在政治上、经济上的根本利益是相同的。”[①] 因此，要充分认识有民间信仰的广大群众是我们党执政的群众基础，是建设中国特色社会主义的积极力量，同样的，也是社会治理的主体和积极力

① 江泽民，论宗教问题，江泽民文选第三卷［M］．北京：人民出版社，2006，第372页。

量。要充分认识和尊重民间信仰信众在社会治理中的主体地位，坚持政治上信任、信仰上尊重，最大限度地团结、依靠他们，鼓励、支持他们发挥主体意识、主体作用，积极参与社会治理，加强民间信仰的自我管理，使之不断与中国特色社会主义相适应、与现代社会生活相融合。正如毛泽东同志所说的，“菩萨是农民自己建立起来的，到了一定时期农民会用他们自己的双手丢开这些菩萨，无须旁人过早地越俎代庖地丢菩萨。共产党对于这些东西的宣传政策应当是：‘引而不发，跃如也’。菩萨要农民自己去丢，烈女祠、节孝坊要农民自己去摧毁，别人代庖是不对的。”①

6.2 转变政府角色和管理方向

6.2.1 政府角色错位与管理困境

由于民间信仰不同于佛教、道教、伊斯兰教、天主教、基督教等这些官方认可的宗教，在体制内尚无法定身份，目前对民间信仰的管理没有明确的法律规定和统一的管理模式，各地各自为政，杂乱无章。从管理主体上划分，大体可分为两类：一类是自我管理。有的由宗教团体、教会代管；有的成立庙宇管委会管理，管委会由乡村社区的社会贤达组成；有的成立老人会管理；有的采取家族式管理，涉及几个家族的由各族共同管理；近几年还出现了村委会委托或承包专人管理。另一类是地方政府主导管理。一般是由当地政府、政协或有关部门、官办群团组织等牵头组成管委会，管理日常事务，主持大型活动，提供经费支持。这两类管理，则都是针对那些有确定场所和组织架构及人员的民间信仰活动的，尤其是第二类管理只是在少数地区规模较大的场所。而以“弥漫性”为特征的民间信仰活动，很大程度上又是不具备特定场所、组织架构的，于是，大量的民间信仰活

① 毛泽东，湖南农民运动考察报告，毛泽东选集第一卷［M］．北京：人民出版社，1991，第15页。

动处于管理真空状态。总体上看，目前各地民间信仰活动的组织和管理基本处于自发、无序状态。

管理的无序，导致民间信仰出现了一些不容忽视的问题：一是管理混乱，大部分场所存在产权、管理权属、财务收支不明晰等问题；二是乱建、滥建现象突出，许多庙宇兴建未经依法批准，违规建设，屡禁不止；三是安全隐患严重，屡次发生民间信仰大型活动时出现火灾造成人员伤亡等事件。最典型的例子是，2004年初浙江海宁市黄岗镇五丰村，一群妇女聚集在临时草棚进行“拜神”活动酿成大火，多名老人被烧身亡。此外，有的民间信仰活动还引发了环保、文物保护等问题，一些民间信仰活动还充斥着借神敛财、非法宗教甚至邪教渗透等违法活动。

民间信仰管理的无序，责在政府缺位。而政府缺位，又源于三个因素：一是认识误区，即对管理缺乏共识，这在前文已述。二是机制缺陷。民间信仰的内容和形式多种多样，涉及多个领域、许多部门，如统战、宗教、文化、文物、园林、城建、旅游、民政、公安、财政、精神文明等。由于不是合法宗教，宗教部门不便牵头管理。因此，当前对民间信仰活动的管理是“政出多门，九龙治水”，谁都可以管，谁都可以不管；一般情况下谁都不愿管，在涉及利益时又都抢着管。管理时，是“铁路警察，只管一段”，缺乏统一有效的社会化、规范化管理。三是法治建构空白，对民间信仰管理缺乏法律依据。目前，在国家层面的法律、法规中，除了有关知识产权法律、法规中关于商标的规定外，几乎找不到关于民间信仰管理相关的法律、法规具体条款和内容，使得民间信仰活动场所的登记、活动的审批、财务的监管等无法可依。

必须看到，为了加强管理，各地政府都进行了多方面的尝试和努力。但囿于制度惯性和路径依赖，政府加强管理，基本上是借鉴了对制度化宗教的管理方式和态度，延续着传统的管控式的行政管理思路和办法。以至于，在惯性作用下，政府为纠正“缺位”又出现“越位”，结果仍是“错位”。于是，传统模式下，对民间信仰的管理陷入了困境：政府要么不管，要么管死。

然而，民间信仰在许多方面与制度化宗教有很大差异，特别是其活动的组织、方式、内容等都完全不同。加之民间信仰本身具有的内容庞杂多变、祭祀仪式多样分散、活动场所量多面广、信众身份随意，等等。这些无疑都对传统的管理提出了新的挑战。民间信仰的管理与对制度化的宗教、传统宗教事务管理有什么区别？民间信仰究竟由谁来管、如何来管？如何在多元化社会情形下加强民间信仰的社会化管理？民间信仰管理困境的破解，需要开创社会治理的新路。

6.2.2 社会治理新路与政府转型归位

社会治理是一场深刻社会变革，尤其对政府来说是一场“革自己的命”的管理革命。在计划经济体制下，我国社会是国家全面管制的“总体性社会”（美国政治学家邹谠认为，晚清以来中国的危机主要表现为以整合危机为主的“总体性危机”，社会的整合和秩序成为最强烈的社会需求，这种情况下，权力高度集中、以控制型秩序为导向的组织形态获得了社会认可，并建立起整个社会的结构框架①），政府是包揽一切的全能型政府。随着改革开放重启的现代化进程，中国出现了市场化、工业化、城镇化、国际化、信息化齐头并进的社会大转型，传统的国家治理模式不仅无法有效应对现代公共事务治理的挑战，甚至连其自身的合法性也面临着前所未有的考验。国家治理体系的创新，要求政府、市场、社会各归其位，构建既互相分工又互相支撑的治理体系。社会转型必然以政府转型为先导。

社会治理秉承的是“社会本位”的理念和原则，现代国家治理是由多元主体共同构成的治理结构来完成的。政府是社会治理政策的制定者，社会治理的最重要主体，对社会治理起着引领和主导作用。构建“党委领导、政府负责、社会协同、公众参与、法治保障”的社会治理体制，实现社会良性互动、共同治理，关键在政府。政府必须转换角色、重新定位，在治理观念上，原来政府控制和管理社会

① Tsou Tang, China in Crisis. V. 1 Book 1 [M]. Chicago: University of Chicago Press, 1967, pp. 277 – 364.

的观念必须让位于调控、引导、服务和整合社会的观念，政府对社会的统治观念必须让位于政府与社会的合作治理；在治理力量对比上，重心要向社会倾斜，政府应放下身段，学会尊重，在与社会、市场、公民个人之间的良性互动中，形成新型的平等合作的伙伴关系；政府要善于放权，学会为自己减负，充分发挥市场、社会的力量进行社会治理；政府要增强自信，信任社会、理解社会、为社会组织创造良好的制度环境，鼓励社会组织的发展，为其增强社会治理能力创造条件。总之，走社会治理新路，关键在政府。政府首先要做到“两个转变”：一是转变管理角色。不再以社会事务管理的“绝对权威”自居，而是以平等的身份参与到社会公共事务管理中，从“全能政府”向“有限政府”转变。二是转变管理方向。按照“创造良好发展环境、提供优质公共服务、维护社会公平正义”的职能定位和建设“服务型政府”目标，以“引导和服务”作为民间信仰管理的发展方向，从统治管控型管理向引导服务型管理转变。

社会治理，需要最广泛的公民参与。公民社会是现代社会的突出标志。在今日中国，公民社会正在兴起，很多不同类型的社团正在形成：社会的、商业的、慈善的和宗教的，当然也包括民间信仰。政府面对的挑战是，如何在尊重具有文化独特性的社会互动样式的同时，全面地利用这些正在孕育成长中的社会资本。因此，对民间信仰进行社会治理，政府必须抛弃过去那种“不管全不管，要管就全管”的思维定式，按照“只管自己该管的事，把不该管的事交给社会、交给公民自己去管”的新思路，转变政府职能，回归政府本位，厘清政府与社会的分工，彻底改变政府在管理中的“错位”现象，把政府的角色定位在发挥“积极引导”和“提供服务”两项基本任务上，对民间信仰采取“自治管理为主，政府监管为辅”的管理策略。

6.2.3 政府管理的方向和重心放到“引导和服务”上

对民间信仰采取社会治理新策略，政府需改变传统的“管控”思维和方法，把管理方向和重心放在“积极引导”和“有效服务”上。“积极引导”和“有效服务”应成为社会治理模式下政府管理民间信仰的基本方针。"引导"和"服务"有两方面含义：一是政府对民间信仰的积极引导和善于引导，二是政府为民间信仰的有所作为提供服务。"引导"和"服务"目的是：使民间信仰与社会主义社会相适应，充分发挥民间信仰促进经济社会发展和社会和谐的积极作用。

在中国社会主义初级阶段，参照党和国家对宗教工作的方针政策，实行"引导"和"服务"方针，需要遵循一个基本原则、两个要求、四个维护、五个支持。一个原则是：尊重和保护公民的宗教信仰自由。两个要求是：对民间信仰组织和群众，要求他们热爱祖国，拥护社会主义制度，拥护中国共产党领导，遵守国家的法律、法规和方针政策；要求他们从事的信仰活动要服从和服务于国家的最高利益和民族的整体利益。四个维护是：维护法律尊严、维护人民利益、维护民族团结、维护国家统一。五个支持是：支持他们发扬爱国爱教、团结进步、服务社会的优良传统；支持他们为民族团结、经济发展、社会进步、社会和谐、祖国统一多做贡献；支持他们对信仰内容做出符合社会进步的调整和阐释；支持他们增进信仰群众对党和政府的理解；支持他们反对一切危害国家和人民利益的非法活动。

政府充当"引导者"而不是"领导者"，政府的行为虽不能直接决定民间信仰的生存、发展，但政府可以凭借自身在政治上、经济上、法律上等各方面的优势发挥积极作用，通过各种途径直接或间接地影响民间信仰的发展方向和趋势。政府应在六个方面，积极引导民间信仰组织、群众参与社会治理，发挥社会作用：

一是助力经济社会发展。全面建设小康社会、实现社会主义现代化和中华民族伟大复兴，是全国各族人民的共同愿望，需要包括民间信仰群众在内的全国人民共同努力。一方面，要通过关注和解决民生问题，维护群众现实利益等手段，教育引导广大信众把注意力集中在对现实幸福生活的追求和脚踏实地的奋斗创造上，把智慧和力量凝聚到发展生产、勤劳致富、改善生活上，不断创造财富和实现个人价值。另一方面，要善于发现和扶持民间信仰中潜在的经济增长点，围绕特定的民间信仰所形成的产业链、围绕民间信仰活动场所形成的市场等，引导扶持形成新的经济支柱、招商引资项目和就业出路。比如北京及各地每年春节组织的各种庙会，已经成为文化产业的一大板块。

二是弘扬中华优秀文化。民间信仰作为中华民族传统文化的组成部分，其中包含着许多有利于社会进步的伦理道德、价值理念。比如尊祖顺天、惩恶扬善、敬老爱幼、和睦邻里等，有助于激励人民树立良好的道德风尚和社会风气，与发展社会主义先进文化同根同向。应把民间信仰纳入中国文化发展战略，深入挖掘和弘扬其中的积极因素，结合时代作出新的解释，努力用反映和体现人类共同价值追求的优秀内容，开展清明、端午等民间信仰国家公祭活动，感动心灵、陶冶情操、激发活力、凝聚人心。要积极保护和挖掘开发民间信仰所蕴含的物质和非物质文化遗产，丰富我国多彩和谐的文化长廊。同时，对于民间信仰中存在的落后文化、精神糟粕，也要采取引导教育的方式，使其在科学文明进步精神启迪下自觉“丢弃”。

三是维护社会稳定。民间信仰作为生活化的宗教，对维护社会安定秩序有两个方面的主要作用：建构宇宙秩序和生存意义，不断维系民众的精神状态；构建具有道德示范作用的表彰系统，宣传和标榜社会需要的观念，规范民众的行为。因此，可以采取“国家意志”、“官方仪式”的方式，推崇民间信仰根据“民间情感”塑造的各种“人格神”，如三皇、五帝、周公、姜尚、比干、孔子、孟子、屈原、关羽、岳飞等，弘扬其传载的仁义、忠勇、诚信、慈爱、廉耻、勤政、爱民等精神道德，以中华民族崇拜的理想人格教化大众，纯化社会风尚。同时，通过建立民间信仰的“精神诉求”与社会主义和谐社会的主流意识形态相互协调机制，充分利用和发挥民间信仰在调节心理、疏导情绪等精神慰藉作用，协助党和政府做好密切人际关系，协调利益关系，化解社会矛盾，促进社会和谐稳定。

四是参与公益事业。乐善好施、扶贫济困是我国民间信仰的共同特点，要广开门路，疏通渠道，积极引导民间信仰参与社会公益事业的方式和途径，支持、扶持他们为社会公益和福利慈善事业做出贡献。目前，各地民间信仰的香火钱都比较旺盛，是一种社会资源，应因势利导，引导民众将香火钱用于兴办公益事业上，如铺路修桥、扶贫济困、助学助农等，防止将这些钱用于乱建滥建宫庙、迷信活动等，不仅劳民伤财，还造成对建设规划的破坏和社会风气的败坏。

五是促进民族团结和国家统一。民间信仰是我国多民族的共同信仰，也是海内外各地区华人的共同精神话语体系。民间信仰以祖先崇拜和圣贤崇拜为核心，是中华文化的根，信仰体系代表一种“尚本”寻根意识。在海外特别是东南亚一带，来自中国故土原乡的各种民间信仰神缘关系，无时不在、无处不在，成为华人之中华性、文明性的重要符号和跨地域华族认同的重要载体。在海峡两岸，以妈祖崇拜为代表的民间信仰更成为团结海内外中华儿女、促进两岸交流与合作的桥梁和纽带。要引导和利用这种特殊的黏合剂，搭建各种文化交流的平台，增进民族家园和中华文化的认同，推动文化交流与经贸往来。

六是抵御境外宗教渗透。当今世界，宗教往往同国家与国家、民族与民族的矛盾和冲突交汇在一起。各宗教都在扩大自己的势力范围，一些宗教借助相同的文化和感情形成一股力量，对国际政治和国家安全构成严重影响。抵御境外宗教渗透，是我国国家安全的重要因素，也是宗教信仰自由政策的基本方面。民间信仰作为中国本土化的信仰，始终阻碍着外来宗教的侵蚀。早在十六世纪，意大利天主教传教士利玛窦在中国传教，无法深入民间，就是因为中国有多元的民间信仰特别是浓厚的家庭祭祀观。如今在台湾地区，由于民间信仰根基普遍活跃，使得基督教、天主教看上去表面红火，实则根本无法与台湾地区民众展开心灵交流。而反观大陆，这些年由于民间信仰的社会功能没有得到充分发展，反而导致基督教等外来宗教大行其道。因此，在全球化进程的大背景下，应高度重视开发利用民间信仰这种本土信仰资源，用以维护中国本土宗教生态平衡，维护中国的独特文化秩序。就如美国著名文化学者亨廷顿所言：“假如在某一天，中国确实引入了基督教，那也只能期望它在与中国文化的主要要素相容的前提下被吸收和改造。”①

政府充当“服务者”，应做好两件事：第一，本着社会治理、共同参与的原则，对民间信仰的合法地位予以确认，鼓励、支持民间信仰组织及信众增强社会治理的主体意识，从“被管理者”转变为“管理者”，以主体姿态主动参与民间信仰管理，在民间信仰主体实践中自我规范、自我管理、自我调节、自我教育。第二，加强政府监管，对民间信仰实行登记管理，并从法治环境、信息渠道、培育机制、制度监督等方面构建对民间信仰进行社会治理的新机制，一方面为民间信仰参与社会治理提供平台，另一方面使民间信仰的活动接受社会的监督。

同时，在对民间信仰的全部引导过程中，政府都应增强服务意识，在引导中体现服务，在服务中实现引导，最大限度地调动和激发广大信仰群众在自我管理、自我教育中的主动性和创造性。特别是，在引导民间信仰组织和信众参与社会治理中，政府应重视民间信仰组织的完善，着力培养一批政治上靠得住、信众中有威信的民间信仰组织管理人员，提高他们对民间信仰活动的组织和管理能力，一方面，通过他们提升民间信仰人员的素质和活动、场所的社会功能，满足群众信仰的需求和社会发展进步的要求；另一方面，充当信众与政府的沟通桥梁，及时将信众们的社会诉求反映给政府，协助政府为信众解决实际问题，从而有效团结、凝聚广大民间信仰群众。

6.3 建构依法治理的理念和机制

现代社会治理的基本特征是依法治理。我国社会正在转型、重建，法治更显得格外重要。“当道德变化无常的时候，法律就成为共同的信仰；当传统权威日薄西山的时候，法院就成了神圣的殿堂。”②党的十八大突出强调依法治国，并明确提出我国构建的社会治理新

① ［美］塞缪尔·亨廷顿著，周琪、刘绯、张立平、王圆译，文明的冲突与世界秩序的重建［M］．北京：新华出版社，2010，第55页。

② 何兵，利害的分配——我们身边的法律［M］．上海三联书店，2005，第43页。

体制是“法治保障”的体制。法治是我们党和政府治国理政的基本方式，也是民间信仰治理的基本模式。法治是民间信仰生长发育的“襁褓”，也是规范政府管理的“羁绊”。无论政府是“引导”，还是“服务”，都必须纳入到法治框架下、规范于法治机制内、运行在法治轨道上。

6.3.1 建构依法治理的法治精神

法治不仅是对社会秩序的构造，也是对人们精神秩序的构造。法治要构建社会现实，必先成为人们的思维方式、内心信念和生活模式。法治不仅是社会治理的技术化和工具化，更重要的它是一种全新的世界观。因此，法治精神是依法治理的重要内容和基本支撑。政府向服务型政府转型，不是要成为公共慈善机构，而是要成为严格依法行政的责任政府、法治政府。因此，对民间信仰依法治理，政府必须崇尚法治精神、树立并贯彻以下几个法治理念：

第一，依法治理民间信仰，其要旨是保护合法。依法管理是为了规范，为了更好地保护，不是限制。法治强调法律至上，但这个至上的法律必须是体现正义价值、保障自由和权利的；否则，就会形成法律专制和法律工具主义。从这个意义上讲，制止非法、抵制渗透、打击犯罪，都是为了保护合法活动。因此，保护合法是依法管理的出发点、落脚点。

第二，用法治精神处理民间信仰事务，必须坚持体现我国《宪法》等法律精神中关于信仰自由的几条基本原则。一是国家性原则，即信仰自由必须是维护国家统一前提下的自由，国家观念是第一位的，信仰自由是第二位的；二是法律性原则，即信仰自由必须是法律规定范围内的自由；三是平等性原则，即不同信仰、信仰不同神灵的群体之间必须互相尊重、一律平等；四是公共性原则，即信仰自由不得损害公共利益和他人合法利益的原则。

第三，法治精神要求，对民间信仰的管理要服从一般社会事务管理的基本原则和要求，不能过多强调民间信仰的特殊性。因此，对民间信仰，在认识上要充分认识和把握其宗教的本质特征，但在管理实务中，要注意淡化其宗教色彩，越来越使其成为社会公共管理的一般性事务，使其特殊性和敏感性逐步淡化以致消解。这是政府管理民间信仰应该掌握的一个重要政策。实证研究也表明，这也是广大信仰群众的意愿。

第四，法治精神还意味着，政府对民间信仰的管理必须严格依法进行，符合依法行政的要求和规范。政府部门依法行政，既要有利于维护社会秩序、维护法律尊严，也要有利于维护人民群众包括信仰群众的合法权益，做到“维稳”与“维权”有机统一。要改变以往长期形成的以内部政策或以领导人指示为依据处理民间信仰事务的惯性，以法治的眼光看待事务，以法治的头脑分析问题，以法治的方式处置情况，以法治的观念约束政府自身的行政权力和行为。要在依法治理中体现法律权威，体现政务公开，体现社会和信众参与，体现行政管理与群众工作、社会工作的结合，体现行政监督与监督行政的结合。

6.3.2 建构制度化、规范化、法制化的管理机制

民间信仰管理存在的主要问题是制度供给严重不足，管理创新必须从制度创新入手，着力建构制度化、规范化、法制化的依法治理机制。根据民间信仰的特性，管理的关键环节是对其组织和活动场所的管理。对此，目前全国尚无统一的文件，也缺乏相关的立法保障。各地从实际出发对民间信仰场所和活动的管理进行了创新探索，主要有三种模式：一是湖南模式，省政府出台了行政法规，明确规定“民间信仰活动场所的登记管理由县级以上人民政府宗教事务部门负责，具体办法由省人民政府依法制定”，将民间信仰纳入法制轨道，通过场所登记进行管理；二是福建模式，将民间信仰作为宗教部门工作内容之一，参照宗教事务进行登记管理；三是浙江模式，党委、政府成立综合协调领导机构，将民间信仰纳入社会公共事务管理，实行社会化的属地管理。邢台市作为河北省民间信仰管理的试点地区，也采取了类似湖南的管理模式。以上各种模式各有特色，但都有一个共同点，即确定民间信仰的合法身份，纳入依法管理。

还需注意，随着国家法制的日趋完善，长期没有“合法身份”的民间信仰，正通过主动适应现代社会的变迁来寻求自身的发展，不断建构其存在于社会的合法化空间。一是走向规范化。许多庙宇都组织了管理班子，分工明确，摒弃了传统管理形式，并具备了一些现代意义上的组织管理特征。二是寻求合法化。一些规模较大、信众较多、组织管理较好、影响传播较远的民间信仰场所，转而以文化遗产、文物保护等名义，或以佛教、道教的场所申请开放，纳入到政府管理之中。显然，由曾经被冠以“封建迷信”的纯粹民间信仰场所转变为一个被国家话语体系承认的文化、宗教场所，这种“正名”为民间信仰在现代社会中的发展找到了合法性的基础。而对于政府来说，大量民间信仰公共场所的社会空间构建，有利于政府对民间信仰活动的频率、规模、分布情况及信众构成、心理动机等进行实时掌握，有利于及时制定科学合理的政策和制度，有利于政府对信仰活动进行制度化、规范化的管理。

因此，要抓住社会治理创新的机遇，因势利导，开放政策，突出民间信仰组织和场所，构建依法治理新机制，逐步实现管理的制度化、规范化、法制化。

第一，要加强立法。理论和实践发展都指出：承认民间信仰合法地位，依法加强民间信仰管理势在必行。在现代社会制度的基础上，民间信仰的合法化，实际上是将其宗教问题转化成了公共性问题。民间信仰成立固定的组织，以合法社团身份参与社会事务，使民间信仰不再泛化，无所限制；而民间信仰也结束了私人信仰的私域性，正式进入国家与公民之间的社会空间，从而具有越来越大的公共性和公益性。因此，应放开政策，允许民间信仰组织以社会法人的身份到民政部门进行登记备案，并按照民间团体依法进行管理。这样，民间信仰团体自治自理，政府对民间信仰可以依法管理。与此同时，在总结完善一些地方立法经验和充分调研的基础上，可适时制定全国性的《民间信仰活动场所和组织管理规定》，对活动场所的兴建、管理、活动举行等作出规定。

第二，根据现行法律、法规加强监管。在全国性的关于民间信仰的法律、法规出台之前，各地应根据当地实际，出台有关法规和规范性文件，对民间信仰的团体和组织按规定进行登记，根据注册、地缘、信仰内涵、教义、教规进行合并集中统一管理，政府可以协助民间信仰组织定期举行大型活动，使之纳入规范化管理之中。即便是不制定有关法规，各地也都应按照现行的一般社会事务管理法规，参照宗教事务管理的一系列条例、规章，采取因地制宜的方法，加强对民间信仰活动的管理，改变放任自流的状态。对于对社会稳定构成威胁的具有黑社会和反动“会道门”等性质的民间信仰，也要根据治安管理处罚法、刑法等对于涉及违法犯罪的民间信仰依法进行处罚和取缔。

第三，指导民间信仰组织加强自我规范化管理。引导、协调民间信仰组织成立懂法、守法、有威望、有责任的管理团队，建立管理制度，或利用乡规民约等，建立健全对民间信仰组织的财务、活动等管理。同时，可以通过建立协会的形式联合各个民间信仰组织共同研究自身的管理和发展，提高自身的素质和能力，为充分参与社会公共事务管理打好基础。政府还可参照在宗教团体中开展评选“和谐庙堂寺观”的做法，组织开展对民间信仰组织定期考核登记，建立考核奖惩机制，进行激励和淘汰，推动民间信仰团体的相互竞争，推动提升自我管理水平和适应社会进步的自我发展能力。

第四，理顺管理体制，实行分层管理。鉴于民间信仰本质上具有宗教属性，可纳入政府宗教事务管理范畴。考虑到民间信仰自身的特性，其活动涉及多个部门、多个领域，可采取组成相应的综合协调机构如部级协调小组或成立宗教事务委员会，统筹协调，分工负责，综合治理。政府分层管理可分为宏观、微观两个层次。宏观层面的管理主要是制定政策法律、明确管理职责。微观层面的管理，主要是县以下特别是乡镇政府、村委会等自治组织，主要是对具体场所的管理，把规范化、法治化管理的要求落实到每一个场所。不管是宏观和微观，政府的一项主要管理职责是，加强民间信仰管理的研究，及时提出制度化、规范化、法治化的政策建议。这是政府服务社会、协调各方进行社会治理的一个重要体现，也是政府治理能力提升的体现。

总之，对民间信仰的社会治理问题，从根本上说是社会秩序的组建逻辑问题，即一个社会是基于自下而上的公民自治而建立起公共秩序，还是基于自上而下的逻辑建立起控制性秩序。在一个开放性、信息化的社会里，对多元主体价值的认可和发扬是一个不可回避的原则。建立多元、民主的社会，自下而上的组织化建设是社会秩序的基础。为此，政府应该按照最大限度地激发社会活力的目标，遵循促进认知、增强互动、平等尊重、功能合作的原则，在法治的基础上加强社会治理，促进民间信仰正向功能的发挥。

第7章 结　论

民间信仰是我国一个独特的信仰体系，也是一个有特殊意义的话题。虽然民间信仰大面积地存在于大多数中国民众的现实生活之中，但由于它的复杂性、敏感性，却造成了政府管理的缺失和策略制定的左右为难。一方面，在法理上，民间信仰不具有像制度化宗教那样的合法性的身份和话语权；另一方面，在现实中，政府要通过宗教政策来管理民众的宗教信仰及除政治信仰以外的各种信仰活动，民间信仰似乎又纳入了宗教信仰的管理范畴。但民间信仰没有宗教的名分如何让它接受宗教事务管理？管理悖论使政府和民间信仰都陷入尴尬境地。于是，人们更愿意将其界定为传统民俗，视为中华文化传统的遗存，希望其随着中国现代化的进程，随着“乡土社会的碎片化”而自生自灭。

但问题并非这么简单。民间信仰并没有随着现代化的进程而削弱，反而出现了兴盛。从亚洲儒教文化圈的许多国家和地区的情况看，形态多样的民间信仰非常发达，它们不仅适应了现代化的社会，还在其中获得了持续延伸的社会空间。比如日本，国民普遍信教，据日本官方统计，其国内信徒总数已经超过国民总数，这一结果表明：很多日本人往往同时崇信几个不同的宗教，按照中国的说法，实际上都是民间信仰，加之日本传统日常礼仪中的很多情形也都可称作是民间信仰。又如韩国，各种民间信仰也比较发达，国家每年都要举办祭孔等民间信仰一类的官方祭祀仪式，韩政府的官员亦都十分信奉孔教等，而韩国却是世界上现代化发展势头最强劲的国家。再看我国港台地区，90%的民众信奉观音、妈祖、孔子等民间信仰的神灵，且并不和其经济、教育、文化等发达的“现代性”相矛盾。因此，许多学者在讨论东亚经济文化发展的文化因素时，都认为在民间信仰中可以找到亚洲的现代性的“精神”。[①]

马克思主义的宗教观认为，宗教与社会的关系是一个宗教适应社会的关系，而非相反。如果宗教不能适应社会的发展，就会被社会淘汰，走向衰落和消亡。通观世界和我国宗教历史，每个宗教从产生到发展，其实就是同它所在的社会和时代相适应、相融合的过程，这是宗教之所以能够存在和发展的必然规律。历史证明，存在和发展着的宗教，必然是那些适应社会发展的宗教。正如马克思所言：“基督教并不能判定制度的好坏，因为它不懂得制度之间的差别，它像宗教应该教导人们那样教导说：你们要服从执掌权柄者，因为任何权柄都出于神”，“显然，随着每一次社会秩序的巨大历史变革，人们的观点和观念也会发生变革，因此，人们的宗教观念也发生变革。”[②] 基于马克思主义的宗教观，民间信仰完全可以自适应于社会的发展变化，绝不能利用行政的手段越俎代庖，把它赶到设定的框架之中。

在我国，民间信仰始终牢牢扎根于地域社会的民众生活，显示出旺盛的生命力，并伴随着现代化进程，呈现出与国家主流意识形态相适应的趋势。事实上，民间信仰作为生活中的、世俗化的信仰形态，具有天然的与时共进的特性。民间信仰的世界观是把世界看作一个有机整体，在神圣与世俗之间没有固定的界限，神圣随处都在，神灵无处不显，民间信仰深深嵌入世俗社会结构，随着社会变迁而变迁。同时，在民间信仰意识中，文化与信仰是一体的，民间信仰随着文化的历史延续而延续，也随着文化的时代变异而变异。在当今“破碎化”又“一体化”的时代，民间信仰的发展，是社会力量成长的表征，也是社会生活变迁的表征。古希腊先哲亚里士多德说过，人是天性合群的动物，唯如此才能组成社会。人类之所以能合群，是因为能

---

① 周星，民俗宗教与国家的宗教政策［N］，中国民族报，2012.9.10。

② 马克思，科隆日报第179号的社论，马克思恩格斯全集第一卷［M］．北京：人民出版社，1995，第225～226页。

够相互信任。人们之所以能够互相信任，根本原因在于有共同的核心价值。人是社会的人，人向往并追求与周围以及周围熟悉的人形成共同体，而这个共同体最终的建设目标是有共同的价值、共同的心灵的紧密社会关系。由于社会转型，乡土社会的解体，熟人社会的失去，使中国社会普遍处在一种怀旧的情怀之中。人们不愿失去那种有人情味、有道德规范的生活模式，渴望找回人与人彼此温暖、和谐亲密的社会空间。这一切，正是公民社会迅速兴起的根源，也为民间信仰的发展提供了基础和条件，使其在社会整合重构中找到了新的功能定位。毫无疑问，民间信仰能够满足这种社会需求，是这种社会感情的一种现实着落。随着社会的进步，民间信仰活动中的迷信成分越来越少，民俗成分越来越多，既有祭祖、拜神、敬鬼的内容，又日益成为地方传统节日、民间文化、民俗活动的重要内容，将更具黏合力。可以预见，伴随社会的发展和继续多元化裂变，民间信仰的人数还会呈上升趋势。从社会建构的角度看，民间信仰虽属个人权利，是个人私事，但民间信仰的组织及活动是一种社会组织和社会活动，具有很强的社会性。这种社会性不仅表现为其凝聚了大量的信众从而形成一定的社会力量并凝聚一定的社会财富，还表现为它的活动以及它所动员的社会能量可以使社会资本增值或负增长，而且它本身就是社会资本的一部分。历史和现实充分证明，忽视民间信仰的社会性存在及其社会组织功能，管理上必然被动，后果可能相当严重。

问题自然归结为：对民间信仰究竟怎么看？到底怎么办？学界对此多方研讨，各地从实际出发进行各种探索，都取得了有益进展。问题的焦点逐渐集中于：第一，民间信仰究竟算不算宗教？第二，如果民间信仰算作宗教，那么，在社会转型期，社会经济多元化、思想多元化的大背景下，对民间信仰这种特殊形态的宗教，是否能延续对制度化宗教那样的态度和管理办法？回答这两个问题，显然是创新国家治理体系、提升国家治理能力的重要课题。

本书围绕这两个问题，从中国特色社会主义国情出发，以马克思主义宗教观为指导，从社会治理的新视角，在历史考察和现实调研基础上，经过定性分析与定量研究，提出了自己的观点。本书的结论是：（1）民间信仰本质是宗教，外壳是民俗。它具有与制度化宗教不同的特性，是兼具民俗性和宗教性的民间社会的一种特殊信仰形态。正因如此，民间信仰没有独立于世俗社会之外的组织结构，它深深嵌入社会结构，在社会的作用机制与社会治理天然契合。（2）民间信仰与社会和谐稳定密切相关，广大信众是社会主义和谐社会建设的正能量，在社会治理视角下，也是社会治理的主体。（3）广大群众和信众都希望依法加强对民间信仰的规范化管理。政府应充分认识和发挥民间信仰社会治理的主体地位和作用，摒弃传统的管控式的行政管理理念和模式，创建社会治理新模式，采取“自我管理+政府监管”的社会治理策略，把政府的管理方向和重心放在“积极引导”和“有效服务”上，建构依法治理的管理机制，实现对民间信仰的制度化、规范化、法治化管理。

我国正处在社会转型的关键时期，社会信仰重建至关重要，关系到社会转型的成败。市场化改革30多年来，社会生活日益多元化、复杂化，社会信仰体系也必然是多元化的构建。但传统的社会管理只强调政府在社会治理中的主体地位，作为管理者的政府在面对被管理者的民间信仰上，自然形成了地位上的不对称，使得政府在处理民间信仰事务时常常会不自觉将之视为不稳定因素并采取遏制甚至打击的手段，这样做不但收不到良好的管理效果，反而容易激化矛盾，甚至成为社会分裂的导火索。而社会治理理论则打破了社会领域长期存在的两分对立的传统思维方式，强调社会治理多元主体、社会公共事务的合作共治及社会自治，使传统意义上的管理者和被管理者转变为平等地位的合作者，这对于创新民间信仰管理，创新国家治理体系，促进社会和谐稳定发展，具有重要的实践意义和理论意义。

民间信仰的社会治理是一项重大管理改革和机制创新，既涉及宏观层面的顶层设计，如治理理念更新、规划机制创建、社会组织结构功能再造及约束规则重塑等，又涉及中观、微观层面的具体操作。中国30多年的改革历程充分证明：只有经过基层大胆试验、小心试错并予以完善之后的顶层设计，才是符合国情符合民意的。基层是所有矛盾问题的交汇地，也是改革创新的发源地。中国民间信仰发端于底层，运行于民间，表现形式在基层千差万别，具有太多的多样性、复杂性。越深入基层，越能摸到现实的坚硬，也越能感受到希望的生长。创设民间信仰社会治理新机制，必须坚持实事求是、积极稳妥的方针，秉持“基层大胆探索，顶层谨慎设计”的原则，因地制宜，因“神”制宜，区别施治，精细操作，切忌“一刀切”、简单化。“罗马不可能一天建成”，“太阳每天都是新的”，本课题研究仅是刚刚开头，还有许多不足，还需要深入细致地进行更多的研究。我们将继续秉承“唯实、求真、协力、创新”的科大精神，以科学严谨的态度，从更广的领域深化研究，努力探讨民间信仰与社会主义现代化建设相适应、为和谐社会做贡献、在社会治理中发挥更大作用的有效途径。

参考文献

（一）中文文献（106 篇）

［1］［德］马克思著，中央编译局译，黑格尔法哲学批判导言，马克思恩格斯选集第一卷［M］．北京：人民出版社，1995。

［2］［德］马克思著，中央编译局译，《科隆日报》第 179 号的社论，马克思恩格斯全集第一卷［M］．北京：人民出版社，1995。

［3］［德］马克斯·韦伯著，康乐、简惠美译，新教伦理与资本主义精神［M］．南宁：广西师范大学出版社，2007。

［4］［德］恩格斯著，中央编译局译，反杜林论［M］．北京：人民出版社，1970。

［5］［法］涂尔干著，渠东、汲哲译，宗教生活的基本形式［M］．上海人民出版社，1999。

［6］［法］托克维尔著，董果良译，论美国民主［M］．北京：商务印书馆，1988。

［7］［美］奥戴著，胡荣译，宗教社会学［M］．银川：宁夏人民出版社，1989。

［8］［美］雷德菲尔德著，王莹译，农民社会与文化［M］．北京：中国社会科学出版社，2013。

［9］［美］罗西瑙著，张胜军、刘晓林等译，没有政府的治理——世界政治中的秩序与变革［M］．南昌：江西人民出版社，2001。

［10］［美］罗斯著，秦志勇、毛永政译，社会控制［M］．北京：华夏出版社，1989。

［11］［美］普特南著，王列、赖海榕译，使民主运转起来［M］．南昌：江西人民出版社，2001。

［12］［美］塞缪尔·亨廷顿著，周琪、刘绯、张立平、王圆译，文明的冲突与世界秩序的重建［M］．北京：新华出版社，2010。

［13］［日］渡边欣雄著，周星译，汉族的民俗宗教：社会人类学的研究［M］．天津人民出版社，1998。

［14］［英］王斯福著，赵旭东译，帝国的隐喻：中国民间宗教［M］．南京：江苏人民出版社，2009。

［15］［英］莱恩著，赵成根译，新公共管理［M］．北京：中国青年出版社，2004。

［16］艾潇，当前我国民间信仰问题的现状及对策思考［J］．云梦学刊，2009（6）。

［17］蔡少卿，中国民间信仰的特点与社会功能——以关帝、观音和妈祖为例［J］．江苏大学学报社会科学版，2004（4）。

［18］陈明文，我国现代化进程中对民间信仰的批判引导及其启示［J］．理论学习与探索，2005（5）。

［19］陈振明，西方政府社会管理的理论与实践评析［J］．东南学术，2005（4）。

［20］陈进国，中国民间信仰研究述评——以大陆地区为中心，中国民间信仰研究述评［M］．上海人民出版社，2012。

［21］陈晓毅，中国式宗教生态（青岩宗教多样性个案研究）［M］．北京：社会科学文献出版社，2008。

［22］范正义，社会转型与民间信仰变迁个案研究［J］．世界宗教研究，2010（1）。

［23］费孝通，美国与美国人［M］．上海三联书店，1985。

［24］高丙中，作为非物质文化遗产研究课题的民间信仰［J］．江西社会科学，2007（3）。

［25］高长江，民间信仰与和谐社会建设［J］．中共天津市委党校党报，2009（2）。

［26］高峻，当代河北乡土社会汉民族民间信仰状况的调查与思

考［J］．领导之友，2009（6）。

［27］龚学增，社会主义与宗教［M］．北京：宗教文化出版社，2003。

［28］国家宗教事务局政策法规司，全国宗教行政法规规章汇编［M］．北京：宗教文化出版社，2000。

［29］郭平坦，台湾民间信仰扎根中华文化［J］．台声，2009（6）。

［30］郭占锋、冯海英、李小云，由中国民间信仰复兴现象反思现代化理论逻辑［J］．青海社会科学，2009（6）。

［31］韩秉方，论民间信仰的和谐因素［J］．中国宗教，2010（2）。

［32］何兵，利害的分配——我们身边的法律［M］．上海三联书店，2005。

［33］何其敏，民族民间信仰研究的视角和意义［J］．中国宗教，2009（5）。

［34］何星亮，中国自然神与自然崇拜［M］．上海三联书店，1992。

［35］何增科，中国社会管理体制改革路线图［M］．北京：国家行政学院出版社，2009。

［36］何璋瑢，民间信仰与当代社会关系之探略——关于广东中山民间信仰的田野调查之思考［J］．学术研究，2010（3）。

［37］侯杰、范丽珠，世俗与神圣：中国民众宗教意识［M］．天津人民出版社，2001。

［38］江泽民，论宗教问题，江泽民文选第三卷［M］．北京：人民出版社，2006。

［39］荆学民，社会转型与信仰重建［M］．太原：山西教育出版社，1999。

［40］金泽，中国民间信仰［M］．杭州：浙江教育出版社，1990。

［41］金泽，民间信仰的聚散现象初探［J］．西北民族研究，

2002（2）。

［42］金泽，民间信仰—文化再生产—社会控制［M］．宗教人类学第一辑，民族出版社，2009。

［43］梁家贵，试论民间信仰与会道门的关系［J］．贵州社会科学，2005（2）。

［44］梁漱溟，中国文化要义［M］．上海：学林出版社，1987。

［45］李惠斌、杨雪冬主编，社会资本和社会发展［M］．北京：社会科学文献出版社，2000。

［46］李兰芬、李西杰，社会信仰：社会资本的权威内核［J］．人文杂志，2003（3）。

［47］林国平，福建民间信仰的现状、特点和发展趋势［J］．东南学术，2004（1）。

［48］林聚任，社会网络分析：理论方法与应用［M］．北京师范大学出版社，2009。

［49］李秋香，近 30 年来的汉代民间信仰研究［J］．史学月刊，2010（3）。

［50］刘道超，论我国民间信仰的多元一体化格局［J］．广西师范学院学报哲学社会科学版，2009（4）。

［51］刘健，中国民间信仰研究述论［J］．才智，2009（28）。

［52］刘江宁、周留征，社会转型期民间信仰的功用研究［J］．山东社会科学，2011（11）。

［53］刘军，整体网络分析讲义——Ucinet 软件应用［J］．第二届社会网络与关系管理研讨会资料，哈尔滨工程大学出版社，2007（1）。

［54］刘叶华，从民间信仰看中日民间结社的载体差异［J］．贵州师范大学学报社会科学版，2009（4）。

［55］李霞，民间信仰社会凝聚机制：性别角度初步探讨［J］．天府新论，2000（5）。

［56］李亦园，人类的视野［M］．上海文艺出版社，1996。

［57］李云华，民间信仰与宗教［J］．中国宗教，2004（9）。

[58] 罗彩娟，论汉族民间信仰的功利性［J］．广西民族学院学报哲学社会科学版，2005（3）。

[59] 路遥，民间信仰与中国社会研究系列［M］．上海人民出版社，2011。

[60] 吕大吉、何耀华，中国原始宗教资料丛编［M］．上海人民出版社，1993。

[61] 吕大吉，宗教学通论［M］．北京：中国社会科学出版社，1989。

[62] 马莉，中国民间信仰的现实生长力及文化价值初探［J］．兰州学刊，2005（6）。

[63] 毛泽东，湖南农民运动考察报告，毛泽东选集第一卷［M］．北京：人民出版社，1991。

[64] 牟钟鉴，宗教与民族［M］．北京：宗教文化出版社，2002。

[65] 牟钟鉴，中国宗教与文化［M］．台北：唐山出版社，1995。

[66] 牟钟鉴，对中国民间宗教要有一个新的认识［N］．中国民族报，2008.11.11。

[67] 邵云飞、欧阳青燕、孙雷，社会网络分析方法及其在创新研究中的运用［J］．管理学报，2009（6）。

[68] 沈刚，汉代民间信仰的地域特征［J］．陕西师范大学学报哲学社会科学版，2010（2）。

[69] 仕心，民间信仰与社会和谐学术研讨会召开［J］．民间文化论坛，2005（6）。

[70] 宋兆麟，巫与民间信仰［M］．北京：华侨出版公司，1990。

[71] 孙宽屏、滕世华，全球化与全球治理［M］．长沙：湖南人民出版社，2003。

[72] 孙正聿，哲学通论［M］．上海：复旦大学出版社，2005。

[73] 苏全有、葛风涛，近十年来民间信仰功用问题研究述评

[J]．大连大学学报，2009（2）。

[74] 王存奎，民间信仰与社会和谐：民俗学视角下的社会控制[J]．中国人民公安大学学报社会科学版，2009（6）。

[75] 汪德明、张葆珺、朱玲琳，和谐社会中的民间信仰问题研究——兼谈武汉地区民间信仰状况[J]．长江论坛，2009（6）。

[76] 王健，民间信仰的权力之维[J]．博览群书，2009（11）。

[77] 王建新、刘昭瑞，地域社会与信仰习俗：立足田野的人类学研究[M]．广州：中山大学出版社，2007。

[78] 王铭铭，象征与社会：中国民间文化的探讨[M]．天津人民出版社，1997。

[79] 王铭铭，中国民间宗教，世界宗教研究[J]．1996（2）。

[80] 王守恩，论民间信仰的神灵体系[J]．世界宗教研究，2009（4）。

[81] 王文生，积极引导宗教与社会主义相适应[J]．山西高等学校社会科学学报，2005（3）。

[82] 汪向阳，治理：当代公共管理理论的新热点[J]．复旦学报社会科学版，2004（4）。

[83] 王晓莉，顾颉刚与民间信仰研究[J]．中央民族大学学报，2003（3）。

[84] 王晓丽，民间信仰的庞杂与有序[J]．西北民族研究，2009（4）。

[85] 汪玉凯，公共管理[M]．北京：中共中央党校出版社，2003。

[86] 王作安，中国的宗教问题和宗教政策[M]．北京：宗教文化出版社，2002。

[87] 魏长领，民间信仰及其与道德信仰的关系[J]．河南师范大学学报哲学社会科学版，2009（3）。

[88] 乌丙安，中国民俗学[M]．沈阳：辽宁大学出版社，1985。

[89] 向波，和谐社会视域中的我国社会治理创新 [J]．探索，2005 (6)。

[90] 向柏松，传统民间信仰与现代生活 [J]．中南民族学院学报人文社会科学版，2003 (1)。

[91] 谢国先，民间信仰与官方意识 [J]．韶关学院学报，2009 (10)。

[92] 徐海波，中国社会转型与意识形态问题 [M]．北京：中国社会科学出版社，2003。

[93] 徐杰舜，汉族民间信仰特征论上、下 [J]．广西民族学院学报哲学社会科学版，2002 (2)。

[94] 杨宏山，中国民众宗教意识及其社会影响 [J]．宁夏社会科学，1997 (6)。

[95] 杨庆堃，中国社会中的宗教 [M]．上海人民出版社，2007。

[96] 于险峰，不可忽视民间信仰问题 [J]．中国宗教，2002 (5)。

[97] 俞可平，治理与善治 [M]．北京：社会科学文献出版社，2009。

[98] 俞可平，10 大善治要素是通往幸福之路 [N]，21 世纪经济报道，2011. 1. 3。

[99] 张剑，关于我国民间信仰问题的理论政策思考 [J]，中国宗教，2007 (7)。

[100] 张志刚，宗教研究指要 [M]．北京大学出版社，2013。

[101] 张祝平，论民间信仰的文化力 [J]，中央民族大学学报哲学社会科学版，2011 (5)。

[102] 张紫晨，中国民俗与民俗学 [M]．杭州：浙江人民出版社，1985。

[103] 郑衡泌、陈文龙，民间信仰地域分异的微观分析——泉州三个村庄神祇生态位宽度测量和比较 [J]．地理研究，2010 (4)。

[104] 朱海滨，民间信仰——中国最重要的宗教传统 [J]．江

汉论坛，2009（3）。

［105］周星，民俗宗教与国家的宗教政策（N）．中国民族报，2012.9.10。

［106］郑志明，民间信仰与仪式［M］．台北：文津出版社有限公司，2010。

（二）英文文献（14 篇）

［1］Bray. D，Social space and governance in urban China：The danwei system from origins to reform［M］．Stanford University Press，2005，pp. 12 – 13.

［2］Groce. N，Traditional Folk Belief Systems：An Important Factor in Policy Planning［J］．One – in – Ten，1990，pp. 22 – 23.

［3］Freeman. L. C，The development of social network analysis：A study in the sociology of science［M］．Vancouver：Empirical Press，2004，p. 37.

［4］Harper & Brothers Elliot，Christian and culture［M］．New York，1972，p. 13.

［5］Hong，Kessely. Status and distrust：The Relevance of inequality and betrayal aversion［J］．Journal of Economic Psychology，2006，4（6），p. 2.

［6］Jackson. F，Pettit. P，Folk belief and commonplace belief［J］. Mind & Language，1993，8（2），p. 2.

［7］Kearns. A，Forrest. R，Social cohesion and multilevel urban governance［J］．Urban studies，2000，37（5 – 6），p. 15.

［8］Messner. D，The network society：economic development and international competitiveness as problems of social governance［M］．Psychology Press，1997，p. 56.

［9］Ronald L. Johnstone，Religion of our society［M］．University of Chicago Press，1994，p. 36 – 37.

［10］ Stenson. K，Governing the local：Sovereignty，social

governance and community safety [J]. Social Work & Society, 2008, 6 (1),35.

[11] Tomas F. David, Religion Sociology [J]. Journal of Sociology, 1986, p. 50.

[12] Tsou Tang, China in Crisis. V. 1 Book 1 [M]. Chicago: University of Chicago Press, 1967, pp. 277 – 364.

[13] Ze. J, The Initial Research on the Gathering and Scattering Phenomena of Folk Belief [J]. North West Minorities Research, 2002, p. 2.

[14] Zhang. X, Fan. S, Zhang. L, Local governance and public goods provision in rural China [J]. Journal of public economics, 2004, 88 (12), p. 56.

后　记

本书是我2011年至2014年在中国科学院大学管理学院攻读博士的毕业论文。确定以“民间信仰管理”为研究课题，是由于读博期间，正巧组织安排我到河北省邢台市挂职副市长，分管政法、法制、民族宗教等工作。河北是畿辅之地，又是民宗工作大省。而邢台是地处冀南的历史文化名城，有3500多年的建城史，素有“商殷之源、邢襄故都”之誉，是中华文化的发源之地，也是民间信仰的肇始、兴盛之地，历来民间信仰活动种类众多，源远流长。邢台的巨鹿、广宗县是东汉张角创立太平道的地方，广宗太平道乐如今被列为国家非物质文化遗产；平乡县是闻名世界的“梅花拳”发祥地，梅花拳不仅传习武术，同时布道“天地君亲师”的理念，每年祭拜创始人邹宏义已成为海内外拳民及信众的固定仪式；南和县的白雀庵民间传说是“观音娘娘”的出家修行道场，该地“观音信仰”十分盛行，每年举行的“观音文化节”及祭祀活动在海内外都很有影响；清河县的张氏祖庭、任县的游氏宗庙，则是海内外这两大宗亲族群寻根问祖、祭拜祖先的重要场所，等等。我国通常存在的19种民间信仰形态，人数或多或少，范围或大或小，在邢台地区都有不同程度的体现。因此，民间信仰问题引起了我的关注。随着调查研究的深入，我越发强烈地感到：民间信仰活动，是一个不容忽视的社会管理空间。而在实践中，民间信仰崇拜对象纷繁复杂，活动形式五花八门，区域之间差异很大，特别是对民间信仰的概念界定、社会功能评估，众说纷纭，成为学术界的一个难题，也使管理实务陷于困境。破解民间信仰的管理困境，必须跳出传统管理思维旧框，走社会治理的新路。于是，“民间信仰的社会治理研究”就成为我的博士论文选题。

作为中国科学技术的最高学府，中科院大学要求研究问题必须使用定量分析的方法。为此，本书对民间信仰的定量研究采用了社会网络分析方法的思维和工具，其理由：一是我们所处的社会就是一个网络社会。随着科学技术的进步和信息化的普及应用，社会组织不断网络化，网络社会随之形成。在此情形下，政府自身既是社会网络的一个结点，同时又面对多种多样的、复杂多变的不同社会网络。社会治理实际上就是对社会网络关系的治理，对社会网络结构的优化。二是中国的民间信仰是一种具有社区性、人际关系紧密性的特殊社会关系网络。诚如费孝通先生所言：“中国人及中国人所信奉的神灵，都是一种关系的存在。”民间信仰是以神人关系为基础扩展到人伦关系，始终呈现为神人关系与人伦关系的彼此互动。用社会网络分析思维和方法研究民间信仰，不仅能够透彻地考察其群体结构特性并给出定量分析，而且能从社会治理角度对民间信仰网络的社会行为模式加以诠释。由于这是一种新的尝试，结果未必尽如人意。

三年来，往返于邢台、北京两地，工作时忙于政务和调研，业余则抓紧学习、思考、写作，既仰望星空，又脚踏实地，很接地气，非常充实。如今课题终于完成，还被评为中国科学院大学管理学院的优秀博士论文，我内心充满着幸福，也充满着感激：

感谢我的导师——中国科学院大学管理学院吕本富教授从选题到写作给予的全方位指导，他在管理学、网络分析领域的深厚造诣以及宽阔的战略思维、锐利的创新意识，使我受益匪浅。吕老师严谨的治学态度、尚真的求实精神、朴正的为师风范，都令人非常感佩。同时，还要感谢彭赓副教授对论文的规范化写作给予的具体指导。

感谢中国科学院大学管理学院德高望重的成思危院长，常务副院长汪寿阳，副院长石勇、赵红、董纪昌及学院各位老师的“传道授业”，使我得到了管理学及相关学科领域最前沿的知识启迪和创新激励，受到了中科院“唯实、求真、协力、创新”院风和国科大“博学笃志、格物明德”校风的熏陶，分享了管理学院一流的教学保障条件和师生共融、教学相长、学养升华的快慰。

还要特别感谢邢台市委书记王爱民、市长孟祥伟，在我挂职期间亦师亦友的教诲和工作上的指导、帮助，他们正直的人品、干事的激情、担当的精神和务实的作风，给我很多的正能量。

感谢邢台市民宗局、邢台市统计局及邢台学院薛申芳老师在田野调查、抽样调查和数学建模方面提供的帮助。

感谢本课题研究过程中参考、借鉴的有关文献的作者。

感谢中国人民公安大学出版社战俊社长、阎新瑞副总编对本书出版的关心。

最后，感谢我的夫人杨艳斌、女儿王思玚，家人陪伴是我工作和生活的不竭动力之源！